Rettet die Grundrechte!

Gerhart Baum
Rettet die Grundrechte!

Bürgerfreiheit
contra Sicherheitswahn –
Eine Streitschrift

Redaktionelle Mitarbeit
Sabine Königs

Kiepenheuer & Witsch

FSC
Mix
Produktgruppe aus vorbildlich
bewirtschafteten Wäldern und
anderen kontrollierten Herkünften

Zert.-Nr. SGS-COC-1940
www.fsc.org
© 1996 Forest Stewardship Council

Verlag Kiepenheuer & Witsch, FSC-DEU-0096

1. Auflage 2009

Umschlaggestaltung: Rudolf Linn, Köln
Umschlagmotiv: © picture-alliance/dpa
Gesetzt aus der Palatino
Satz: Pinkuin Satz und Datentechnik, Berlin
Druck und Bindung: GGP Media GmbH, Pößneck
ISBN 978-3-462-03980-1

Das ist es also, was man braucht, um den Versuchungen der Unfreiheit zu widerstehen: die Fähigkeit, sich auch wenn man allein bleibt nicht vom eigenen Kurs abbringen zu lassen; die Bereitschaft, mit den Widersprüchen und Konflikten der menschlichen Welt zu leben; die Disziplin des engagierten Beobachters, der sich nicht vereinnahmen lässt; die leidenschaftliche Hingabe an die Vernunft als Instrument der Erkenntnis und des Handelns.

Ralf Dahrendorf
[1929–2009]

Inhalt

Sechzig Jahre Grundgesetz
Statt eines Ständchens ...

... ein Buch. Nicht eines, das sich einreihen will in den Reigen der Jubelarien, die in diesem Jahr zum runden Geburtstag des Grundgesetzes angestimmt werden. Dieses Buch kommt mit reinem Dur nicht aus.

Ihm geht es um Zwischentöne. Natürlich ist es ein Plädoyer für die Grundrechte. Ja, auch eine Verbeugung vor der Freiheit, die sie verbriefen. Aber ebenso eine Analyse der Gefahren und Einschränkungen, denen das Grundgesetz in den vergangenen Jahrzehnten ausgesetzt war und ist. So hat der internationale Terrorismus, vor allem nach den Anschlägen des 11. September 2001, viele westliche Regierungen, nicht zuletzt die deutsche Bundesregierung, zu überbordenden innenpolitischen Sicherheitsarchitekturen veranlasst. Die Freiheit der Bürgerinnen und Bürger wird mehr und mehr ausgehöhlt. Wir werden Zeugen und sind zugleich Betroffene einer schleichenden Erosion der Grundrechte. Jener Grundrechte, die sich in den vergangenen sechzig Jahren selbst in schwierigen Situationen als tragfähig für die beste aller deutschen Demokratien erwiesen haben. Wir brauchen kein neues Grundgesetz. Denn das, das wir haben, hat Kraft genug, unsere bürgerlichen Freiheiten und unsere rechtsstaatliche Ordnung zu schützen. Wir müssen es nur immer wieder neu erlebbar machen.

Dieses Buch ist entstanden aus der Sicht eines Juristen, vor allem aber aus der Sicht eines Politikers, der sich seit Jahrzehnten von der Faszination und Stärke dieses Grundgeset-

9

zes leiten lässt. Es ist Ergebnis meines Engagements auf dem Feld der Bürger- und Menschenrechte. Ich habe über viele Jahre hinweg die Politik der Bundesrepublik unmittelbar mitgestalten dürfen. Als Bundesinnenminister in einer schwierigen Phase der Herausforderung durch die RAF Ende der 70er Jahre habe ich selbst die Spannung zwischen dem Grundrecht auf Freiheit und dem Wunsch nach Sicherheit hautnah erlebt – und aushalten müssen. Diese Lebens- und Demokratieerfahrung hat mich tief geprägt und ist mein Antrieb zur kritischen Begleitung der heute politisch Verantwortlichen. Es war und ist mein Anliegen, die Grundrechte den Bürgerinnen und Bürgern nahezubringen. Demokratie steht nicht auf dem Papier, sie muss gelebt werden. Wie schon in zahlreichen öffentlichen Veranstaltungen möchte ich mit dieser Streitschrift einen Beitrag zum öffentlichen Diskurs leisten – ohne rechtswissenschaftlichen Anspruch, deshalb auch keine Fußnoten, sondern nur Hinweise auf ausgewählte Literatur.

Ich bedanke mich ...

... bei allen Menschen, die in ständigem Gedankenaustausch mit mir diese politischen Anliegen verfolgen.

Allen voran nenne ich meine langjährigen Mitstreiter Burkhard Hirsch und Sabine Leutheusser-Schnarrenberger. Nur gemeinsam konnten wir die maßgeblichen Erfolge wichtiger Verfassungsbeschwerden erzielen und die öffentliche Diskussion beeinflussen – und auch unsere Partei, die sich diesen Themen wieder intensiver öffnet. Mit im Boot ist in jüngerer Zeit mein Neffe Peter Schantz, als liberaler Politiker, der seinen brillanten juristischen Sachverstand eingebracht hat.

Mein junger Anwaltskollege und Sozius Julius Reiter ist mir ständiger und wichtiger Gesprächspartner. Und Christine Lölling – Mitarbeiterin in unserer gemeinsamen Kanzlei Baum Reiter & Collegen – hat in vielen nächtlichen Überstunden meine Diktatbänder in eine lesbare Form übertragen.

Ich danke meiner Ehefrau Renate Liesmann-Baum, ohne deren nie nachlassende Ermutigung und kritische Begleitung dieses Buchprojekt nicht zustande gekommen wäre.

In besonderer Weise möchte ich Sabine Königs danken. Mit ihr zusammen habe ich die Struktur des Buches entwickelt. In vielen Gesprächen hat sie mich mit kritischen Fragen und vielfältigen Anregungen herausgefordert. Sie war mein Gegenüber in den Interview-Kapiteln. Sie hat die oft sperrige Materie in eine verständliche Sprache übersetzt, Eigenes beigesteuert – und schließlich dafür gesorgt, dass wir in intensiven Stunden gemeinsamer Redaktion zu einem Text gekommen sind, dem wir viele Leser wünschen.

Der Verlagsleitung von Kiepenheuer & Witsch danke ich für die Ermöglichung des Buches und geduldige Begleitung. Stephanie Kratz sei bedankt für ihr behutsames Lektorat.

Freiheit, die ich meine   1

Von den Bedingungen einer geglückten und gefährdeten Demokratie

In einer Zeit, als Deutschland noch in den Trümmern des Zweiten Weltkrieges lag und der Alltag bestimmt war von Kargheit und Not, von Aufräumen und nacktem Überleben, trafen sich auf der Insel Herrenchiemsee 33 Männer, allesamt Verwaltungsbeamte und Gesandte der elf westdeutschen Ministerpräsidenten, zum Verfassungskonvent. Vom 10. bis zum 23. August des Jahres 1948 erarbeiteten sie in der intensiven Klausur die »Richtlinien für ein Grundgesetz« für den Parlamentarischen Rat. Nach acht weiteren Monaten Arbeit an der Vorlage des Konvents nahmen die 65 Abgeordneten des Parlamentarischen Rates, darunter vier Frauen, sie am 8. Mai 1949 mit 53 Ja- zu 12 Nein-Stimmen als Grundgesetz an. Wenige Tage später, am 23. Mai 1949, wurde es in Bonn feierlich verkündet, unterzeichnet und trat am folgenden Tag in Kraft. Es ebnete den Weg für eine neue deutsche Demokratie. Den Weg in die Freiheit.

Zwischen Trümmern und Trauer: Demokratie lernen

In seiner ersten Anmutung wirkt Artikel eins des Grundgesetzes so karg wie die Zeit, in der er entstand. Zugleich ist er von größter Klarheit: »Die Würde des Menschen ist unantastbar. Sie zu achten und zu schützen ist Verpflichtung aller staatlichen Gewalt.«

13

Die Grundrechte sind einklagbar, und sie sind nicht nur Abwehrrechte gegen den Staat, sondern eine objektive Wertordnung für die ganze Gesellschaft.

Bei den Feiern zum 60-jährigen Jubiläum des Grundgesetzes im Mai 2009 kam eigentlich nur der Stolz auf das Geleistete zum Ausdruck. Er ist berechtigt. Gefährdungen des Grundgesetzes hingegen blieben ausgeblendet, auch in der Rede des Bundespräsidenten. Das ist mehr als bedauerlich. Schon die Bemerkung, dass das Bundesverfassungsgericht immer wieder Verfassungsverstöße des Gesetzgebers korrigieren muss, hätte genügt. Und warum fehlte der Hinweis auf die nicht zu übersehenden Versuche, das Prinzip der Menschenwürde zu relativieren?

Die Verfasser des Grundgesetzes, die Mitglieder des Parlamentarischen Rates, waren in ihrer Mehrheit Menschen, die in politischer Opposition zum Nationalsozialismus standen. Ohne Pathos und Emotion zogen sie Schlussfolgerungen aus ihren bitteren Lebenserfahrungen. Diese bewusste Abkehr von der Barbarei führte zum ersten Mal in der deutschen Verfassungsgeschichte zur unbedingten Geltung des Schutzes der Menschenwürde als sittlichem Leitprinzip des Grundgesetzes.

Das ist der eigentliche Gründungsmythos unserer Verfassung. Daraus bezieht sie in ganz anderer Weise als in anderen Demokratien ihre Kraft. Waren die Menschen in den ersten Jahren nach 1949 gegenüber der neuen Verfassungsordnung eher gleichgültig, so ist sie heute akzeptiert. Sie steht, auch wenn Umfragen mitunter etwas anderes suggerieren, nicht ernsthaft zur Disposition.

Als das Grundgesetz vor nunmehr sechzig Jahren verabschiedet wurde, musste es sich erst den Weg bahnen zu den Menschen, für die es gemacht war. Denn die Deutschen hatten damals die Nase voll von Politik. Zu sehr hatten sie die Unfreiheit des Nationalsozialismus verinnerlicht, zu sehr waren sie vereinnahmt von den Bürden und Erfordernissen des Nachkriegsalltags. Es galt, die Trümmer wegzuräumen, die der Krieg hinterlassen hatte, behutsam jene Scham und

Sprachlosigkeit zu überwinden, die Hitlers Regime und seine Gräuel ausgelöst hatten, und daneben den täglichen Hunger zu stillen. Die Köpfe und Herzen waren voll der Trauer über vorenthaltene Lebenschancen, voll der Hoffnung auf die Rückkehr vermisster Väter und Söhne, der stillen Melancholie der noch einmal Davongekommenen. Vielleicht gab es erste Pläne für eine neue, wie auch immer geartete Zeit.

»Demokratie«, schreibt der Journalist Heribert Prantl in einem Rückblick, war den Deutschen »suspekt, galt als Import der Siegermächte«, und die gerade in Kraft getretene Verfassung verstand man als eine »von Briten, Franzosen und Amerikanern auferlegte sinnlose Strafarbeit«. Die Deutschen hatten sich nicht selbst befreit, sie waren befreit worden; es gibt kaum etwas Passiveres, als befreit zu werden. Das aktive Leben in Freiheit, in eigener politischer Verantwortung, in einer Demokratie mussten sie nun erst lernen. Überhaupt das Leben mit eigenen Absichten.

Demokratie gestalten – Doktor Faustus zum Trotz

Allen Traumata und Trümmern zum Trotz haben sich viele Menschen dieser Herausforderung im Nachkriegsdeutschland gestellt. Sie waren beseelt von der Idee der jungen Verfassung, die an freiheitliche Prinzipien der Aufklärung, des Philosophen Locke, an die Gedanken und Schriften Kants, Rousseaus und Voltaires anknüpfte. Sie waren beseelt von einem neuen Staatsbild, nach dem nicht die Bürger den Interessen des Staates, sondern der Staat dem Wohl der Bürgerinnen und Bürger zu dienen hat. »Die Würde des Menschen zu achten und zu schützen ist Verpflichtung aller staatlichen Gewalt.« Das ist gültiges Recht. Und strahlt auf die ganze Verfassung aus.

Nicht nur mit dieser Formulierung war und ist das Grundgesetz auch deutliche Antwort auf die Diktatur der Nationalsozialisten. Die Scheu, sich mit dem Geschehen auseinanderzusetzen, war groß, vielen fehlten Worte dafür. Nun gab es mit dem Grundgesetz so etwas wie eine symbolische Gegenwehr im Nachhinein, ein kollektives »Nie wieder!«, aber auch das Credo eines großen Neuanfangs. Auf diesen Text ließ sich Gesellschaft bauen. Aus diesem Text konnte man, konnten wir die Hoffnung ableiten, dass sich die Katastrophe nicht wiederholen wird.

Glücklicherweise gab es etliche, die sich politisch engagieren wollten und engagierten. Wer sich wie ich in jenen frühen Jahren in die Politik begab, um dort am Aufbau der jungen Demokratie und an der Gestaltung der Freiheit mitzuwirken, wurde vielfach angesteckt von einer Stimmung des Aufbruchs – und zugleich immer auch geplagt von Zweifeln und Verunsicherung. Konnte man angesichts der immer noch präsenten und immer noch unfassbaren Geschehnisse bis 1945 tatsächlich davon ausgehen, dass nun Demokratie gelingen würde, ja, dass allein der Wille zur Demokratie schon der Garant für ihre erfolgreiche Wiederbelebung und ihre dauerhafte Stabilität sein könnte? Wohin würde die Entwicklung gehen? Wer stand für Durchhalten, für Kontinuität, für Integrität? So wie nachfolgende Generationen später mussten auch wir uns das kostbare Gut der damals jungen Grundrechte erst zu eigen machen.

Thomas Mann hatte 1947 in seinem Altersmeisterwerk »Doktor Faustus« eindringlich die verhängnisvolle Nähe von dem Willen zur Genialität und dem Verlust der Seele vor Augen geführt, zwischen gesteigertem Schaffensdrang und ewiger Verdammnis. In der Geschichte des hochbegabten Musikers Adrian Leverkühn, die nicht nur ein Künstlerroman ist, setzte sich Mann vielschichtig mit den kultur- und geistesgeschichtlichen Wurzeln des Nationalsozialismus und dessen Pakt mit dem Teufel auseinander. Und demonstrierte zumal der jungen Generation am Beispiel seines Dr. Faustus die Janusköpfigkeit des Deutschen: das Nebeneinander von hoher Kultur und ihrer Übersteigerung zu Verderben bringender Idee beziehungsweise Ideologie, zu Radikalität und Intoleranz neigender Innerlichkeit.

Als ich Thomas Manns Werk las, war ich Abiturient, gerade 20 Jahre alt. Die Erschütterung durch den Feuersturm in meiner Heimatstadt Dresden, die Flucht und der Zusammenbruch hatten mein damaliges Leben geprägt. In Schule und Gesellschaft stieß ich zu jener Zeit immer wieder auf alte Nazis. Ich fühlte mich mitunter täglich dem Nebeneinander von Zuversicht und Zweifel, von politischem Aufbruch und seinen Hindernissen, von der Aussicht auf eine selbst zu gestaltende Freiheit und dem Bedürfnis nach neuer Sicherheit ausgesetzt.

Manns Roman zeigt, wie sich höchste Geistigkeit mit der Sehnsucht nach Bewusstseinsverlust verbindet. Er verdeutlichte, was sich im Laufe der weiteren Geschichte der Bundesrepublik immer wieder bewahrheiten würde: Dass nämlich die Verantwortung für die Freiheit immer auch das Bedürfnis nach Sicherheit – und damit die Verführung zur Unfreiheit in sich trägt. Mitunter scheint es, als sei die eine Haltung der anderen untrennbares Gegenüber, notwendiger Widerpart. Als garantiere erst die Versuchung zur Unfreiheit die Sicherung von Freiheit, weil sie deren Wert sichtbar macht. Und als garantierten erst die Risiken der Freiheit den Wunsch nach einem sicheren Leben.

Tief aufgewühlt von der Lektüre des »Doktor Faustus« schrieb ich 1953 einen Brief an Thomas Mann und schilderte ihm meine Sorge, ob wir je zu »dem wahren, dem hochgeistig-humanen Deutschland zurückfinden« könnten. In seinem Antwortbrief fand er ermutigende Worte. Ein Weg, meine Zweifel zu überwinden, war meine Entscheidung, über eine Partei am Aufbau der Demokratie mitzuwirken. Auf diese Weise ist mein Glaube an die Demokratie gefestigt worden – meine Zweifel haben stets konstruktiv wie ein Spiegel mitgewirkt.

»Wir können wieder zu Bestien werden«, hat der Philosoph Karl R. Popper einmal leidenschaftlich gewarnt. »Aber wenn wir Menschen bleiben wollen, dann gibt es nur einen Weg, den Weg in die offene Gesellschaft. Wir müssen ins Unbekannte, ins Ungewisse, ins Unsichere weiterschreiten und die Vernunft, die uns gegeben ist, verwenden, um, so gut wir es eben können, für beides zu planen: nicht nur für die Sicherheit, sondern zugleich auch für die Freiheit.«

In diesem Zitat des kritischen Rationalisten Popper liegt die gesamte Grundidee der von ihm maßgeblich entwickelten Denktradition verborgen: dass man vernünftigen, also rational begründeten Umgang pflegt mit der ständigen Möglichkeit des Irrtums und des Scheiterns; dass man seine Überzeugungen und auch die Verhältnisse ständig überprüft und gegebenenfalls gegen bessere Optionen eintauscht. Deshalb konnte für Popper die Sicherheit nie etwas Statisches und Garantiertes sein, sondern immer ein relativer und variabler Zustand, nicht ein Wert an sich, sondern ein Wert, der in die Sphäre des Abwägens und Argumentierens gehört.

Mit kürzeren Worten: Sicherheit ist eine Aufgabe der politischen und gesellschaftlichen Gestaltung. Sicherheit hingegen, die als etwas absolut Gesetztes die Bühne betritt, birgt für Popper, der das Unsichere prinzipiell für den Normalfall hält, notwendigerweise einen hochriskanten, nämlich totalitären Kern. Hier blicken wir auf die Grundfigur rationalistisch abgeleiteter Liberalität.

Im Zweifel für die Freiheit

Was die gesellschaftspolitische Entwicklung der jungen Bundesrepublik Deutschland angeht, hat sich das symbiotische Miteinander von Entschlossenheit zur Freiheit und Zweifel des Gelingens, von Hoffnung und Angst bewährt. Im Rückblick erweist sich, dass die Demokratie trotz aller Gefährdungen gelungen, ja geglückt ist. Dies aber nicht in dem Sinn eines abgeschlossenen Prozesses, sondern im Sinn eines mal mehr, mal weniger fragilen Zustands, der ständig neu erkämpft und verteidigt werden muss.

Mit den Freiburger Thesen, ihrem wegweisenden Grundsatzprogramm von 1971, hat die FDP das einzige deutsche

Parteiprogramm vorgelegt, das sich ganz konsequent als Träger und Erbe der demokratischen Revolutionen am Ende des 18. Jahrhunderts, also der amerikanischen Unabhängigkeitserklärung und der Verfassung der Französischen Revolution versteht. »Kant kommt wieder« hieß die Vision von Werner Maihofer, der die Thesen federführend formuliert hat. Die FDP steht für den Anspruch, immer wieder neu die Grenzen des Staates, seines Gestaltens und Intervenierens zu bestimmen.

Ziel der Thesen ist nicht allein formale, sondern gesellschaftlich ausgefüllte, gelebte Freiheit. »Freiheit«, »Gleichheit« und »Brüderlichkeit« sind die an prominenter Stelle entliehenen Grundprinzipien liberaler Werteordnung. Alle drei Prinzipien bedingen einander, keines ist ohne die anderen vorstellbar – und doch hat die Freiheit allumfassenden Vorrang gemäß dem Gebot »Im Zweifel für die Freiheit«. Grundorientierung der Freiburger Thesen ist der vom liberalen Vordenker Friedrich Naumann geprägte Doppelgrundsatz: 1. Der Staat darf nicht alles. 2. Der Staat sind wir alle.

Wir, die Reformliberalen in der FDP, waren Teil der Aufbruchbewegung der 68er-Generation, die auf allen Gebieten der Politik einen Modernisierungsschub für die Demokratie bewirkt hat. Gewiss, einige Anliegen wurden mit einem politischen Ungestüm vorgetragen, exzessiv betrieben, auch übertrieben, bisweilen mit missionarischem Furor und einer gewissen Neigung zu Utopie und Intoleranz. Dennoch, die 68er hatten eine große Stärke: ihre weithin intakte Intuition, dass es Freiheitsrechte zu erstreiten beziehungsweise zu verteidigen galt. Es waren immerhin demokratische Reflexe, die beispielsweise zur Ablehnung der Notstandsgesetze geführt haben.

»Diese Notstandsgesetze waren keine Sternstunde des Parlaments, sondern der erste ernsthafte Versuch einer konservativen und wenig selbstbewussten Regierung, für eine angebliche und erhoffte Sicherheit elementare Grund- und Freiheitsrechte einzuschränken«, schrieb kürzlich dazu sehr treffend mein

Freund Burkhard Hirsch, ehemals Innenminister Nordrhein-Westfalens und Vizepräsident des Deutschen Bundestages, in der »Zeit«. »Der Ruhm bei dieser Debatte gebührt der sich entschlossen wehrenden Zivilgesellschaft außerhalb des Parlaments, der parlamentarischen Opposition und wenigen standhaften Abgeordneten der Sozialdemokratischen Fraktion des Bundestages« – und, das möchte ich an dieser Stelle betonen, der FDP, die mit einer überzeugenden Rede Walter Scheels die Gesetze im Bundestag abgelehnt hat.

Der Überschwang und die Übertreibung der Aufbruchgeneration Ende der 60er-Jahre wirken auch im Nachhinein sympathischer als die letztlich zu Stagnation führende Kirchhofsruhe von Teilen der autoritär erzogenen Vätergeneration.

Der Terror und das Gefühl des Bedrohtseins

Lange Zeit fühlte sich die Bevölkerung durch Terror nicht bedroht. Das Sicherheitsgefühl, nicht nur in Deutschland, sondern in der gesamten westlichen Welt, hat sich jedoch spätestens seit dem 11. September 2001 massiv verändert. Die Anschläge der arabischen Terror-Gruppierung Al Qaida auf das New Yorker World Trade Center rissen binnen eines einzigen Tages fast 3000 Menschen in den Tod – und zerstörten das Gefühl von Unverletzbarkeit in der modernen, zivilisierten Welt in seinen Grundfesten. Das Bedürfnis nach mehr, nach neuer Sicherheit wuchs in gleichem Maße, in dem das Gefühl von sicherem Leben terroristisch verletzt wurde – also enorm.

Mehr als zwanzig Jahre zuvor war auch Deutschland schon vom Terror heimgesucht worden, über einen langen Zeitraum. Trauriger Höhepunkt war das Jahr 1977. Anders als 2001 ging es damals nicht um den Tod Tausender Menschen, sondern um die gezielte Ermordung von Politikern, hochrangigen Wirtschaftsverantwortlichen, Staatsvertretern und ihren Mitarbeitern. Ebenfalls eine empfindliche Erschütterung – und

ebenfalls mit der Folge von Entsetzen, Angst und Ohnmachts-
gefühl.

Die überhaupt nicht absehbare Folge von RAF-Attenta-
ten versetzte viele Menschen in Fassungslosigkeit und eine
Art Schock. Innerhalb weniger Monate, die als »Deutscher
Herbst« in die Terrorgeschichte der Bundesrepublik eingehen
sollten, fielen der Generalbundesanwalt Siegfried Buback
und seine Begleiter, der Vorstandsvorsitzende der Dresdner
Bank, Jürgen Ponto, und schließlich der Arbeitgeberpräsident
Hanns Martin Schleyer sowie sein Fahrer und drei Sicher-
heitsbeamte Mordanschlägen zum Opfer. Die Entführung
und spektakuläre Befreiung der Lufthansa-Maschine »Lands-
hut« und der Selbstmord von RAF-Häftlingen im Gefängnis
Stuttgart-Stammheim verstärkten das Gefühl einer dauern-
den Bedrohtheit. Wie wollte, wie konnte man sich als Bürger
in einem Staat sicher fühlen, dessen Regierung plötzlich nicht
mehr souverän, sondern erpressbar schien? Mehr Sicherheit,
mehr Staat tat not, jedenfalls schien dies das Bedürfnis und
die Erwartung einer großen Mehrheit der Menschen. Damals
wuchs in Teilen der Bevölkerung die Bereitschaft, bürgerliche
Freiheitsrechte gegen vermeintliche Sicherheitsgarantien des
Staates einzutauschen.

Es ist nicht zu bestreiten, dass der Staat auf die neue Bedrohung reagieren musste – aber auch wenn die Verfassung nicht
verletzt wurde, ging manches doch zu weit: beispielsweise
massive Fahndungsaktionen, verschärfte Identitätskontrollen
und neue Anti-Terrorgesetze, die vor allem die Befugnisse der
Ermittlungsbehörden ausgeweitet haben. Das war der Beginn
einer innenpolitischen Aufrüstung ohnegleichen.

Und es war der Start einer Art gesellschaftspolitischen »Per-
petuum Mobile«, das Rudolf Augstein 1977, wenige Tage nach
der Ermordung Siegfried Bubacks in einem »Spiegel«-Leitarti-
kel so beschrieb: »Nach jedem gemeinen und spektakulären
Verbrechen gegen die öffentliche Sicherheit haben die schrecklichen Vereinfacher ihre große Zeit. Ob nun früher der russi-
sche Zar ermordet wurde oder jetzt der oberste Ankläger die-

ses Staates: Die Vernunft, die Geistesgegenwart wird prompt in die Besenkammer geschickt. Irgendwann kriecht sie dann wieder hervor.«

In der Verdichtung des Rückblicks zeigt sich besonders deutlich jener Mechanismus, der im Klima der Angst greift – und sich bis heute nach dem immer gleichen Muster wiederholt, wenn Kriminalität oder Terror spürbar werden, tatsächlich oder aber als Schreckensszenario an die bundesdeutsche Wand gemalt, auch von den für Sicherheit verantwortlichen Politikern. Die Bedrohung der Freiheit jedes Einzelnen durch Kriminelle oder Terroristen erzeugt Angst, der Angst folgt der Ruf nach mehr Sicherheit, der Ruf nach mehr Sicherheit schmeichelt der Bedeutung der Sicherheitsverantwortlichen, also der Legislative und der ausführenden Behörden. Diese sinnen, solchermaßen angespornt, nach immer neuen Möglichkeiten und Maßnahmen, dem Wunsch des Bürgers, der ja immer auch Wähler ist, nachzukommen. Dies geschieht beklagenswerterweise ohne Rücksicht auf Verluste, was das Maß der Freiheit angeht. Da kostet dann, polemisch formuliert, das Mehr an Sicherheit zu oft den Preis eines Weniger an Freiheit, auch schon in der Prophylaxe.

Vorbeugen kann nur, wer kontrolliert

Die Dynamik dieser immer gleichen Abläufe ist nachvollziehbar – und doch verhängnisvoll. Denn sie trug dazu bei, dass sich der Rechtsstaat in den vergangenen Jahrzehnten allmählich zum Präventionsstaat gewandelt hat. Vorbeugung hieß und heißt nun wieder der Zweck, der alle Mittel heiligen soll, im Kampf gegen globale Risiken vom organisierten Verbrechen bis hin zum längst international agierenden Terror. Vorbeugen kann aber nur, wer kontrolliert, durchleuchtet, überwacht – nicht nur potenzielle Verbrecher, sondern alle Bürger. Die Grenze zwischen Präventionsstaat und Überwachungsstaat ist fließend.

Und fließend wird sie überschritten – bis irgendwann die Bevölkerung und, falls erforderlich, viele Einzelne vom Staat vor allem als unbestimmte Menge potenzieller Übeltäter in Augenschein genommen werden. Friedrich Naumanns Maxime »Der Staat darf nicht alles, und der Staat sind wir alle« gilt nicht mehr. Mit der Regievorgabe der angeblichen Prävention darf der Staat alles, was ihm zu dürfen nötig scheint, und er interessiert sich prinzipiell für uns alle.

Die Entwicklung, die in den 70er-Jahren begonnen hat, ist bis heute eine Herausforderung für alle Verteidiger des Grundgesetzes, weil im Zuge der Prävention ohne Not Freiheitsrechte in einem schleichenden Prozess abgebaut werden. Und weil der Staat in seinem Bemühen, die innere Sicherheit vor möglichen Gefahren zu schützen, nicht nur mutmaßliche Kriminelle, sondern auch unverdächtige und unbescholtene Bürger zum bloßen Informationsobjekt, zum ergiebigen und verwaltbaren Datenlieferanten macht. Das aber verbietet das Grundgesetz.

Die Geltung der Grundrechte, die Notwendigkeit ihrer Verteidigung und auch der Gedanke der Prävention enden nicht an unseren Landesgrenzen: Von Anfang an sah sich das Grundgesetz als Teil einer zu entwickelnden internationalen Ordnung. Es muss deshalb auch unser elementares Interesse sein, den Bestand unserer Grundrechte vor allem im Zuge der Fortentwicklung der europäischen Einigung zu sichern. Die europäische Einigung ist ein wünschenswerter Prozess. In Artikel 23 des Grundgesetzes verpflichtet sich die Bundesrepublik, an einer demokratischen und rechtsstaatlichen europäischen Integration mitzuwirken. Wenn die Europäische Union zum Zweck der Terrorismusbekämpfung Freiheitsrechte beschränkt, stellt sich mit Nachdruck die Frage eines Rechtsschutzes, der der strikten Grundrechtsorientierung unseres Grundgesetzes entspricht. Diese Frage ist aktuell nicht zufriedenstellend beantwortet.

Sicherheitsgesetze und die Erosion von Freiheitsrechten

Begonnen hat die politische Aufrüstung für mehr innere Sicherheit mit einer Reihe von Ausnahmegesetzen zur Abwehr der RAF. Ein Teil dieser Gesetze und auch der Fahndungsmaßnahmen wurde später revidiert, beispielsweise das Kontaktsperre-Gesetz und die Einbeziehung von Unverdächtigen in die Fahndung aufgrund von allgemeinen Merkmalen.

Die 90er-Jahre waren, mit Blick auf das Spannungsfeld von Sicherheit und Freiheit, geprägt von einer übertrieben dargestellten Bedrohung durch die organisierte Kriminalität. Ein fatales Ergebnis dieser Debatte war der sogenannte Große Lauschangriff. Kritikern erschien der Einzug der Wanze in die Wohnung seinerzeit wie ein zynisches Willkommen in der von Kontrolle dominierten »schönen neuen Welt«, vor der Aldous Huxley schon 1932 gewarnt hatte. Nun hatte die Wirklichkeit die Science-Fiction-Literatur eingeholt. Der Präventionsstaat wurde sozusagen bei den Bürgern daheim vorstellig, man hatte es plötzlich mit einer Art zugehender Ermittlungsfürsorge zu tun. »Big Brother«, das omnipräsente Auge der Obrigkeit aus George Orwells Roman »1984«, wurde tatsächlich zum Synonym für die Überwachung durch den Staat.

Der Große Lauschangriff ist leider auch Beispiel für einen jener Fälle, in denen erst eine Entscheidung des Bundesverfassungsgerichts dem Staat die Grenzen seiner Ermittlertätigkeit aufzeigte. Was in den Medien als lange überfällige Rückbesinnung auf die Kernelemente des Rechtsstaates begrüßt wurde, war ein spektakulärer Erfolg – und doch nur eine punktuelle Stabilisierung auf jener schiefen Ebene des Rechtsstaates, auf der das Gleichgewicht von Freiheit und Sicherheit immer wieder ins Trudeln gerät –, weil die Politik unter der Vorgabe der Verbrechensbekämpfung und -vorbeugung die Rechte des Einzelnen schwächt. Von da an wiederholte sich wie ein absurdes staatsrechtliches Bühnenstück jenes innenpolitische Ritual, dessen Reiz-Reaktions-Schema Heribert Prantl jüngst in einem Leitartikel so zusammenfasste: »Das Bundesverfassungsgericht kümmert sich seit Jahren um die Grund- und Freiheitsrechte, Regierung und Bundestag kümmern sich um deren Einschränkung.«

Es gibt eine ganze Reihe von Verfassungsgerichtsurteilen, die der Politik hinreichend verdeutlichen, dass sie die Grenzen der Verfassung überschritten hat: Der bereits erwähnte Lauschangriff in Wohnungen ist von den Karlsruher Richtern eingeschränkt worden. Der Kernbereich des Privaten muss respektiert werden. Der Zugriff auf Computer, also die Online-Durchsuchung, ist an rechtliche Kriterien gebunden worden, der Abschuss von Passagiermaschinen mit unschuldigen Menschen an Bord ist verboten worden. Zurzeit laufen die Beschwerden gegen die Vorratsdatenspeicherung und gegen das Bundeskriminalamtsgesetz.

Einige dieser Urteile habe ich gemeinsam mit meinen Mitstreitern und Freunden Burkhard Hirsch, Sabine Leutheusser-Schnarrenberger und Peter Schantz erstritten. Motiviert war unser Engagement nicht durch persönliche Ambition und Streitlust. Uns ging und geht es um nichts weniger als die Verteidigung des Grundgesetzes. Zum Gelingen einer Demokratie gehört ganz zwingend auch, den allzu leichtfertigen Umgang mit der freiheitlichen Grundordnung nicht zuzulassen. »Freiheit muss man leben, um sie zu bewahren«, hat Karl Friedrich von Weizsäcker einmal sehr treffend gefordert.

Dennoch kann es nicht sein, dass immer aufs Neue das Bundesverfassungsgericht den Politikern Einhalt gebieten muss. Es kann nicht sein, dass wichtige demokratieprägende Entscheidungen von den Richtern in Karlsruhe anstatt von den Parlamenten getroffen werden. Mitunter scheint es, als sitze die Legislative die möglichen Folgen ihrer eigenen Entscheidungen aus, in der selbstgenügsamen Erwartung, dass die Judikative bei Bedarf schon korrigierend einschreiten werde. Das Bundesverfassungsgericht hat in der Vergangenheit mehrfach kritisch angemerkt, dass sich die Politik doch selbst um verfassungskonforme Lösungen bemühen solle.

Die jedoch setzt ungeachtet aller »Karlsruher Korrekturen«,

wie ich die Verteidigung unserer Verfassung durch das dafür zuständige Gericht in Kapitel 3 nenne und beschreibe, unverdrossen weiter Stein auf Stein für jene Sicherheitsarchitektur, die der heutige Bundesinnenminister als Schutzmauer gegen organisierte Kriminalität und mögliche Attacken internationaler Terroristen für notwendig erachtet – eben zum Teil unter konsequenter Missachtung der Grundrechte der Bürgerinnen und Bürger.

Einen gefährlichen Schritt auf dem Weg in den Überwachungsstaat machte die Bundesrepublik 2001 als unmittelbare Reaktion auf die Terroranschläge von New York. Unter der Regie des damaligen Bundesinnenministers Otto Schily entstanden die umgangssprachlich als »Otto-Katalog« oder »Schily 1« und »Schily 2« bekannt gewordenen Terrorismusbekämpfungsgesetze von 2002 und 2003 sowie das Erweiterungsgesetz von 2006. Diese Gesetze brachten umfangreiche Änderungen des Straf- und des Strafprozessrechtes, des Ausländerrechtes, verbunden mit neuen, weitgehenden Eingriffsbefugnissen der Sicherheitsbehören, mit sich. Auch die Bundesländer bauten ihr Instrumentarium aus. Welche Absicht und Tendenz hinter Schilys Gesetzen stecken, belegt eine simple Wortzählung: Der Begriff »Terrorismus« kommt 37 Mal vor, »Freiheit« hingegen nicht ein einziges Mal.

Grundsätzlich ist überhaupt nicht zu bezweifeln, dass neue Bedrohungen auch neue Gegenmaßnahmen erfordert haben und erfordern. An solchen Entscheidungen kommt kein Innenminister vorbei. Aber der Terrorismus scheint zuweilen nur noch vordergründig Anlass für präventives Handeln. Die Terrorfolge zweiter Ordnung besteht darin, dass nicht nur Deutschland, sondern die westlichen Demokratien insgesamt bei der Entwicklung von Gegenmaßnahmen die klassischen Freiheitsrechte immer weiter aushöhlen. Der Sicherheitsgewinn ist mit Einschränkungen der Freiheit, die ja eigentlich verteidigt werden soll, regelrecht erkauft worden – wir erleben eine schleichende Erosion der Grundrechte.

»Im Spannungsfeld zwischen Freiheit und Sicherheit bewegen wir uns seit geraumer Zeit hin zum Pol der Sicherheit. Das geht zulasten der Freiheit«, so beschreibt der Bundesverfassungsrichter Winfried Hassemer die für jedermann spürbare Tendenz.

Wer vorbeugen will, weiß nie genug

Der Terrorismus erweist sich in der Dynamik dieser Entwicklung als kräftiger Motor – weniger die unmittelbaren Terroranschläge in aller Welt, von denen wir tagtäglich aus den Medien erfahren, sondern die wie eine Beschwörungsformel vorgetragene Möglichkeit eines Terroranschlags in Deutschland. Bundesinnenminister Wolfgang Schäuble scheut nicht davor zurück, sich mit der ganzen Autorität seines Amtes auf Geheimwissen zu beziehen, das er zur Grundlage wahrhaft apokalyptischer Schreckensszenarien macht. Hier kommt eine zusätzliche Problematik ins Spiel: dass sich die behauptete Bedrohung jeder öffentlichen Überprüfung entzieht. Arkan-Bereiche sind immer schon argumentationsfreie Räume gewesen. Wer hier zu wissen behaupten darf, hat die Macht, für seine Positionen Geltungsanspruch zu erheben.

Damit schlüpft der oberste Verantwortliche für die innere Sicherheit in eine fast diabolische Doppelrolle: Zum einen übernimmt er von Amts wegen die Garantie für ausreichende Sicherheit in diesem Staat – und fordert zum anderen das Bedürfnis nach »ausreichender« Sicherheit erst heraus, indem er in einer Art staatlicher Weissagung orakelt, suggeriert, definiert, wie groß der Schrecken sein könnte. So wird Sicherheitspolitik zu einer düsteren Seherei, die viel Vorbeugung anrät für den Fall, der zwar nicht ansteht, aber in vielen Variationen eintreten könnte. »Die intellektuelle Lust am antizipierten Ausnahmezustand« nennt das der Verfassungsrichter Udo di Fabio.

Auf diesen vorweggenommenen Ausnahmezustand ist die Bundesrepublik nach Ansicht ihres derzeitigen Innenministers nicht ausreichend vorbereitet. Es schadet aber der inneren Sicherheit, wenn der verantwortliche Minister den Eindruck erweckt, er sei nicht in der Lage, mit dem vorhandenen Instrumentarium den Gefahren zu begegnen. Dann wäre es nur konsequent, wenn er zurückträte.

Präventive Maßnahmen sind unverzichtbar, aber sie dürfen nicht zu einem entgrenzten Präventionsstaat führen. Wer vorbeugen will, weiß nie genug. Bedrohungen rechtfertigen Gegenmaßnahmen aber nur insoweit, als diese den Bedrohungen auch Erfolg versprechend entgegenwirken können. Alles andere wären Symbolhandlungen – oder »Ausdruck einer überzogenen Sicherheitsgesetzgebung«, wie der Verfassungsrichter Wolfgang Hoffmann-Riem in seiner Abschiedsrede im Bundesverfassungsgericht am 14. Juli 2008 bilanzierte.

In der Tat war es eine Fülle von Symbolhandlungen, die in den vergangenen Jahren die Öffentlichkeit beruhigen sollte. Eine Qualitätskontrolle dieser Maßnahmen, wie sie etwa die Stiftung Warentest für den Bürger als Verbraucher vornimmt, ist nicht erfolgt. Wir brauchen einen »Rechtsstaat-TÜV«.

Auch die schlichte Wahrheit, dass man sich nicht vorbeugend gegen alle denkbaren Gefahren schützen kann, wird nicht thematisiert. Ebenso wenig wie der Irrglaube, »die Gefahren der Risikogesellschaft ließen sich durch Kriminalisierung bezwingen«, wie der Berliner Journalist Christian Bommarius einmal schrieb.

Im Spannungsfeld zwischen Sicherheit und Freiheit

Aus all diesen Beobachtungen erhärtet sich der Eindruck, als erprobe die Politik geradezu die Belastbarkeit der Verfassung. Allen voran der Bundesinnenminister, qua Amt der Wahrer von Sicherheit und Freiheit in diesem Staat – und mit dieser Aufgabe stets in einer Doppelrolle. Er ist der Hauptverantwortliche für die innere Sicherheit, also unter anderem für die Bekämpfung von Terror. Er ist aber auch für den Schutz der

Privatheit zuständig – Datenschutz ist ein elementares Freiheitsthema. Und er ist der Verfassungsminister der Republik. Der Bundesinnenminister muss mithin das Spannungsverhältnis von Sicherheit und Freiheit nicht nur für den Staat stetig austarieren, sondern auch als Mensch persönlich aushalten. Keine einfache Aufgabe.

Der aktuelle Amtsinhaber Wolfgang Schäuble offenbart mit seiner Kritik am Bundesverfassungsgericht einen anderen Freiheitsbegriff als jenen, den das Gericht in seiner fortlaufenden Rechtsprechung bekräftigt. In einer Grundsatzrede zu den verfassungspolitischen Dimensionen von Freiheit und Sicherheit am 30. Mai 2008 in Tutzing definierte Schäuble, die »Freiheit des Grundgesetzes erschöpft sich nicht in der Ausschöpfung eines Raumes eigenen Beliebens«, sondern meine eine »rechtlich geordnete Freiheit«. Offenbar will er sie selbst ordnen. Das Spannungsverhältnis zwischen Freiheit und Sicherheit machte Schäuble überhaupt nicht zum Thema. Die Aufgabe des Rechtsstaats, so der Innenminister, sei es, »das Recht und damit auch Sicherheit zu wahren«. Und wo bleibt die Freiheit?

Schäuble vermittelte in dieser Rede immer wieder den Eindruck, allein den Vorschlägen der Sicherheitsbehörden zu folgen, die zu allen Zeiten ganze Kataloge von möglichen Maßnahmen aufgeschrieben haben, wie Sicherheit angesichts der jeweils aktuellen Bedrohungen zu gewährleisten sei. Die Aufgabe des Politikers beginnt jedoch in der Auseinandersetzung mit diesen Vorschlägen.

Der Innenminister rückt sich mit dem Verzicht auf diese abwägende Auseinandersetzung in die Nähe der Staatsidee von Thomas Hobbes, der den Staat als Aufsichtsbehörde sah, die als Gegenleistung für ihren Schutz den Gehorsam der Bürger beansprucht. Doch nicht Hobbes war der Vater des liberalen Verfassungsstaates, sondern John Locke. Zwar zahlt der Bürger auch bei Locke mit Gewaltverzicht und Rechtsgehorsam für den staatlichen Schutz, doch zugleich ist er als freier Bürger sicher vor dem Staat. Schäuble versteht Sicherheit als gleichwertiges Rechtsgut wie die Freiheit. Mehr noch: Für das Ziel einer maximalen Sicherheit ist er bereit, die freiheitlichen Grundrechte einzuschränken. Dafür stellt er auch grundlegende Prinzipien der bisherigen Rechts- und Verfassungsordnung infrage: zum Beispiel die politischen und rechtlichen Unterscheidungen zwischen innerer und äußerer Sicherheit, zwischen Verbrechen und Krieg, zwischen Prävention und Repression, zwischen Polizei und Geheimdiensten, zwischen Polizei und Militär.

Damit steht Wolfgang Schäuble in der Tradition seines Amtsvorgängers Otto Schily, der in seiner ihm eigenen L'Etat-c'est-moi-Attitüde ebenfalls immer behauptet hat, es gebe ein Grundrecht auf innere Sicherheit. Mit dieser Fehleinschätzung hat der Staatsrechtler Erhard Denninger in aller Deutlichkeit aufgeräumt. »Der wohlgeordnete Raum der Freiheit und des Rechts«, so Denninger, »verliert in dem Augenblick seine festen Wände und Grenzen, in dem die Sicherheit als Rechtsgut, als Staatszweck oder gar als Grundrecht auf den Plan tritt. Sicherheit ist ein nicht definierbarer und nicht zu definierender Begriff. Sie ist in sich maßlos und grenzenlos, ein nie erfüllbares Ideal.«

Denninger widerspricht auch der Verfassungsrichterin Haas, die der Meinung war, dass ein Gewinn an Sicherheit im demokratischen Rechtsstaat die Freiheit stärke, also ein Freiheitsgewinn sei. Denninger sieht in dieser Feststellung einen gedanklichen Kurzschluss: Aus der zutreffenden Prämisse »Ohne Sicherheit keine Freiheit« lässt sich seiner Ansicht nach nicht folgern: »Je mehr Sicherheit, desto mehr Freiheit«. Der Verfassungsrichter Udo di Fabio weist darauf hin, dass die Feststellung »Ohne Freiheit keine Sicherheit« von gleichem Gewicht sei. Der freiheitliche Verfassungsstaat, so di Fabio, wolle nicht Frieden um jeden Preis, »sondern einen Frieden im Einklang mit unseren Wertegrundlagen, den Frieden für freie Menschen«. Ein »Grundrecht auf Sicherheit« enthielte das uneinlösbare Versprechen nie endender staatlicher Aktivität zum Schutze des Bürgers.

Sicherheit ist nicht als Wert an sich zu begreifen, sondern allein als die Bedingung für die Möglichkeit der Freiheit. Sicherheit hat eine der Freiheit dienende Funktion als »Verhinderung eines Hindernisses der Freiheit«, wie Kant es ausgedrückt hat.

Ein Gedanke, der in seiner Unbedingtheit damals so klar und eindeutig war wie heute. Sicherheit und Freiheit, das stellt auch der Staatsrechtler Christoph Möllers fest, »lassen sich in einer Demokratie nicht gegeneinander abwägen. Denn die Demokratie sucht Unfreiheit auszuschließen. Freiheit gibt es nur innerhalb eines gewissen Grades an Unsicherheit. Wenn wir bestimmte Unsicherheiten – etwa Bedrohungen für das eigene Leben – nicht mehr ertragen wollen, können wir demokratisch entscheiden, was wir tun. Aber diese Entscheidung beruht nicht auf einer Abwägung zwischen Sicherheit und Freiheit, sondern auf einer Abwägung zwischen verschiedenen Arten, ein freies Leben zu führen. Wir aber werden Sicherheit nicht als Selbstzweck anstreben, sondern als Mittel, um unsere Freiheit zu ermöglichen.«

Es ist also nicht möglich, Risiko und Unfreiheit auf eine Stufe zu stellen. Sicherheit und Freiheit stehen sich in einer Demokratie nicht auf Augenhöhe gegenüber. Zielgröße ist immer die Freiheit.

Wo bleibt die Empörung?

Wir brauchen keine neue Sicherheitsarchitektur. Unsere Verfassung ist den neuen Gefahren durchaus gewachsen. Was wir brauchen, ist eine grundsätzliche Sensibilität gegenüber Sicherheit suggerierenden Maßnahmen der Politik, ja eine Alarmiertheit gegenüber der damit verbundenen schleichenden Erosion der Grundrechte. Wo bleibt die Besorgnis des Bürgers angesichts immer neuer Eingriffe in sein Privatleben? Wo bleibt die Empörung über immer neue Verletzungen der Menschenwürde? Wo der Widerstand der Wähler angesichts der Datensammelwut des Staates und, im nichtöffentlichen Bereich, angesichts der Aussicht auf heimliches Überwacht- und Kontrolliertwerden?

Die Ruhe der Bevölkerung, sei sie nun Resultat von Gleichgültigkeit, von Unverständnis, Überforderung oder Autoritätsgläubigkeit, erstaunt. Immerhin scheint sich, ausgelöst auch durch die Datenskandale in der Wirtschaft, ein Bewusstseinswandel anzubahnen: Datenschutz verliert langsam, aber sicher den Status »Randthema«. Jetzt müssen Taten folgen.

Das Jubiläumsjahr zum 60. Geburtstag des Grundgesetzes darf deshalb nicht nur Anlass für Demokratie-Feiern und staatstragende Reden sein, es muss zugleich zur Werbung genutzt werden – vor allem dann, wenn die Grundrechte auf Schwierigkeiten stoßen, wenn es stürmisch wird. Die Grundrechte sind ein kostbares Gut. Jede Generation muss sie sich erneut zu eigen machen. Der Geburtstag des Grundgesetzes ist idealer Anlass, das Wissen um die Bedeutung der Grundrechte aufzufrischen. Diesem Ziel dient auch das vorliegende Buch.

Carlo Schmid, einer der Väter der Verfassung, hat die gesellschaftliche und politische Aufgabe jedes Einzelnen seit Inkrafttreten des Grundgesetzes im Jahre 1977 so formuliert: »Wir sollten diesen Staat als unseren Staat betrachten, allerdings nicht nur im Sinne einer hübschen Redensart zur Erbauung, sondern in dem Sinne, dass wir in diesem Staat für das verantwortlich sind, was geschieht. Eine Verfassung mag noch so schön sein – sie ist immer nur ein Angebot, von ihren Möglichkeiten Gebrauch zu machen. Dass aus Verfassung Staat wird, liegt in unserer Hand. Das haben wir zu bewirken.«

In diesen Worten steckt ein unmissverständlicher Appell an das staatsbürgerliche Ich, an die Verantwortung jedes Einzelnen für den Erhalt einer im Kern geglückten Demokratie. Ein Appell, der in seiner Unbedingtheit und in seiner Notwendigkeit faszinierend und zur selben Zeit alarmierend zeitlos ist. Die Freiheit schenkt sich nicht. Man verteidigt sie am besten, indem man sie lebt.

Zwischen Menschenwürde und den Mechanismen des Terrors

Was darf der Staat?

Der Vorsitzende des Bundesverfassungsgerichts Hans-Jürgen Papier hat Folgendes festgestellt: »Bei der Wahl der Mittel zur Erfüllung seiner Schutzpflichten ist der Staat daher auf diejenigen Mittel beschränkt, deren Einsatz mit der Verfassung in Einklang steht. Der staatliche Eingriff in den absolut geschützten Achtungsanspruch des Einzelnen auf Wahrung seiner Würde ist ungeachtet des Gewichts der betroffenen Verfassungsgüter stets verboten … Es gibt also für den grundrechtsbeschränkenden Gesetzgeber – auch soweit er Schutzpflichten erfüllen will – im Wesentlichen zwei verfassungsrechtliche Schranken: Die eine – engere – folgt aus der Menschenwürdegarantie, sie gilt absolut und ist abwägungsfest, die andere – weitere – folgt aus dem Verhältnismäßigkeitsgrundsatz, sie unterliegt einer Abwägung und wirkt daher relativ. Der Art. 1 des Grundgesetzes: ›Die Würde des Menschen ist unantastbar‹ sieht keinerlei Einschränkung vor. Die Menschenwürde ist nicht abwägbar und sie ist vor allen Dingen auch nicht wegwägbar.«

Bis hierhin und nicht weiter: die Menschenwürde

Die Garantie der Menschenwürde kann nicht eingeschränkt werden, selbst nicht durch eine Verfassungsänderung. Ein rein theoretischer und weit von unserer demokratischen Wirklichkeit entfernter Sonderfall sind Angriffe, die auf die Beseitigung des Gemeinwesens und der freiheitlichen Rechtsordnung gerichtet sind. Nur wenn das Gemeinwesen insgesamt bedroht wäre, könnten Abwägungen in Betracht gezogen werden. Dieser Fall ist aber mit der Bedrohung durch den Terrorismus, wie wir sie hier behandeln, überhaupt nicht verbunden.

Die Idee der Menschenwürde hat tiefreichende historische Wurzeln – in der antiken Philosophie, im Christentum, vor allem aber in der Aufklärung. In der Weimarer Reichsverfassung findet sich erstaunlicherweise kein vergleichbares Bekenntnis zur Menschenwürde, wie es im Grundgesetz und auch in der Allgemeinen Erklärung der Menschenrechte von 1948 festgeschrieben ist. Dieses Bekenntnis in beiden Dokumenten ist eine Reaktion auf die unmenschliche Barbarei in der ersten Hälfte des zwanzigsten Jahrhunderts, als das Gewissen der Menschheit tief verletzt wurde. Unsere Demokratie wurde lebenskräftig vor allem in der bewussten Abkehr vom Unrechtsstaat, mit dem wir uns bis heute auseinandersetzen – eine Auseinandersetzung, die demokratische Identität stiftet. Das Wohlstandsmodell nach dem Krieg spielte sicher auch eine Rolle bei der Heranführung der Menschen an die neue, demokratische Ordnung – aber nicht die entscheidende.

Die Menschenrechte sind unveräußerlich. Der Mensch würde sich durch den Verzicht auf diese Rechte als Subjekt eigener Verantwortung aufgeben. Deshalb postuliert Kant, dass es »unverlierbare Rechte« gebe, »die der Mensch nicht aufgeben kann, selbst wenn er auch wollte«. Die Menschenwürde kann also auch nicht als Tauschobjekt für Sicherheit dienen.

Lassen wir das Bundesverfassungsgericht zu Wort kommen. Es hat wiederholt betont, dass mit der Würde des Menschen nicht vereinbar sei, ihn zum bloßen Objekt der Staatsgewalt zu machen. So dürfe ein Straftäter nicht unter Verletzung seines verfassungsrechtlich geschützten sozialen Wert- und Achtungsanspruchs behandelt und dadurch zum bloßen Objekt der Verbrechensbekämpfung und Strafvollstreckung gemacht werden. Die Menschenwürde werde nicht schon dadurch verletzt, dass jemand zum Adressaten von Maßnahmen der Strafverfolgung wird, wohl aber dann, wenn durch die Art der ergriffenen Maßnahme die Subjektqualität des Betroffenen grundsätzlich infrage gestellt wird. Das sei der Fall, wenn die Behandlung durch die öffentliche Gewalt die Achtung des Wertes vermissen lässt, der jedem Menschen um seiner selbst willen zukommt. Solche Maßnahmen dürften auch nicht im Interesse der Effektivität der Strafrechtspflege und der Wahrheitserforschung vorgenommen werden.

Beunruhigende Versuche, die Menschenwürde abzuschwächen

Diese eindeutige Festlegung des Bundesverfassungsgerichts steht in der Kritik einer Minderheit von Wissenschaftlern, die sich für Differenzierungen im Hinblick auf Art und Maß des Menschenwürdeschutzes offen zeigen. Ihrer Ansicht nach ist der Schutz der Menschenwürde abhängig von der jeweiligen Situation und den konkreten Umständen. Sie stoßen also ein Fenster auf zu einer situationsgebundenen Differenzierung. Die Anhänger dieser Lehrmeinung sorgen sich um die »Selbstbehauptung des Rechtsstaats« – so der Titel eines Buches von Otto Depenheuer, Staatsrechtler an der Universität Köln. Er plädiert für ein effizientes »Feindgefahrenabwehrrecht«. In seinem Repertoire finden sich Instrumente wie der Lauschangriff in Wohnungen, die intensive Videoüberwachung, die Rasterfahndung, die Computerausspähung, die präventive Sicherungsverwahrung, die Internierung potenziell gefährlicher Personen sowie die »rechtsstaatlich domestizierte« Folter.

Einer von Depenheuers Lehrsätzen lautet: »Das Grundgesetz ist für den terroristischen Ernstfall nicht gerüstet.« Und dieser Ernstfall sei eigentlich längst gegeben: »So ort- und zeitlos die terroristische Bedrohung, so permanent die Ausnahmelage«, sagt Depenheuer weiter. In der Ausnahmelage aber müsse Schluss sein mit dem »Verfassungsautismus« der liberal Gesinnten. Der »Ernstfall des Rechts« sei das »Ausnahmerecht«, ein »Feindrecht«, das an die Stelle der Verfassung trete. Aufgrund dieses Rechts könne der Staat von seinen Bürgern auch »Bürgeropfer« fordern, notfalls das Leben.

Die Diskussion über die Menschenwürde in unserem Lande ist untrennbar verbunden mit den Erfahrungen während der nationalsozialistischen Diktatur. Statt des Gebots der Menschenwürde galten damals die Prinzipien »Recht ist, was dem Volke nützt« und »Der Führer schützt das Recht«. Kronjurist des Dritten Reiches war der Staatsrechtler Carl Schmitt, dessen Gedankengut zurzeit eine seltsame, weil beunruhigende Wiederbelebung durch Schmitt-Jünger wie Depenheuer und andere durchaus honorable Juristen erfährt. Schmitt rechtfertigte beispielsweise die von Hitler befohlene Gefangennahme und Ermordung von SA-Stabschef Ernst Röhm und anderer SA-Mitglieder in einer nachträglichen Verteidigungsschrift unter dem Titel »Der Führer schützt das Recht«.

Schmitt war von folgenden Vorstellungen geleitet: Zuerst kommt der Staat, dann das Recht. Um Recht zu schaffen, muss man nicht recht haben. Diese Mentalität hat die Unmenschlichkeit der Nationalsozialisten und anderer Diktaturen geprägt.

Ausgangspunkt dieser radikalen Überlegungen – sei es damals von Schmitt, sei es heute in seinem Geiste von Depenheuer und anderen Mitstreitern – ist der »Ausnahmezustand«, der es rechtfertige, sich von rechtsstaatlichen Bindungen jedenfalls zeitweise zu lösen. Schmitt sagte: Souverän ist, wer über den Ausnahmezustand entscheidet.

Diese Position folgt einer scheinbar plausiblen Abwägungslogik. Und Depenheuer argumentiert, mit Verlaub, nahe am Stammtisch, der sich im Sinne einer besseren Überschaubarkeit gern im Denken zwischen Schwarz und Weiß übt. Das vor allem macht seine Sicht so gefährlich. Ärgerlich ist sie aus einem anderen Grund: Depenheuer trivialisiert die absolute Garantie der Menschenwürde als gleichsam nicht zu Ende gedacht, als letztlich wirklichkeitsuntauglich. Das Gegenteil jedoch trifft zu. Wer den »terroristischen Ernstfall« (Wer stellt

ihn fest? Anhand welcher und wessen Definition?) zum Anlass für die »Selbstbehauptung des Rechtsstaats« erklärt und
ab sofort Abwägungen vorschlägt (zum Beispiel Tote gegen
Tote, was nichts anderes ist als sarkastische Terror-Arithme-
tik), stärkt nicht den Rechtsstaat, sondern überfordert ihn. Die
unverlierbare, garantierte Menschenwürde hingegen schützt
gerade den Staat davor, etwas entscheiden zu müssen, was
nicht in die Sphäre menschlicher Entscheidbarkeit gehört. Der
Staat taugt nicht zum Schicksalsgott, so wenig wie jeder Einzelne. Die Autoren antiker Tragödien hatten darin eine tiefere
Einsicht als manch zeitgenössischer Staatsrechtler.

Die Selbstbehauptung eines Rechtsstaates darf nur die Behauptung seines wertvollsten Rechtsguts, der Menschenwürdegarantie, sein. Deren Relativierung wäre die Selbstdemon-
tage des Rechtsstaats.

Den in heutiger Zeit von der Linie des absoluten Menschenwürdeschutzes abweichenden Wissenschaftlern ist nicht zu
unterstellen, dass sie eine Diktatur wollen. Sie stellen aber fundamentale Grundrechtspositionen infrage. Dem Bundesverfassungsgericht wird »ein liberal-individualistisches Staats-
denken« unterstellt, das nicht fähig sei, den Ernstfall zu denken.
In der Tat: Der »Ausnahmezustand« ist das Bindeglied von
Carl Schmitt zu seinen heutigen Gefolgsleuten. Angesichts der
terroristischen Bedrohung durch die RAF im Jahre 1978 hat
damals schon Jürgen Habermas angemerkt: »Es besteht heute
die Gefahr, dass Carl Schmitts Theorie der innerstaatlichen
Feinderklärung zur Routine wird.« Überlegungen Einzelner
im Schleyer-Krisenstab gingen in diese Richtung.

Der vor einiger Zeit als künftiger Präsident des Bundesverfassungsgerichts ins Spiel gebrachte Staatsrechtler Horst Dreier
beklagt sich, dass die Menschenwürde in Gefahr gerate, weil
ihre Relativierung auf öffentliche Unduldsamkeit stoße. Es gibt
kein Denkverbot und keine geknebelte Verfassungsdebatte.
Wer die Menschenwürde verteidigt, betreibt nicht deren Sakra-
lisierung. Solche intellektuellen Gedankenspielereien müssen
es sich gefallen lassen, mit der Lebenswirklichkeit konfrontiert

zu werden – und die heißt: zum Beispiel Folter. Auch gut ge-
meinte Folter bleibt Folter und ist zu Recht weltweit geächtet.

Die Bedrohung unserer Gesellschaft durch Terroristen ist
kein irgendwie gearteter Ausnahmezustand. Aber selbst wenn
der Ausnahmezustand gegeben wäre, kann unser Staat nicht
mit einer innerstaatlichen Feinderklärung darauf reagieren.
Auch der Rechtsbrecher, also der Terrorist, darf nicht als Feind
behandelt werden, als Person, die außerhalb der Rechtsordnung steht. Unsere Rechtsordnung beweist ihre Stärke gerade
darin, dass auch der Umgang mit den Gegnern des Rechtsstaates unter Einhaltung seiner Regeln erfolgt.

Prävention. Vater Staat und seine Schutzpflicht

Der islamistische Terrorismus stellt die Sicherheitsbehörden
heute vor besondere Schwierigkeiten. Die Täter sind flexibel
organisiert, schwer zu infiltrieren und als Verdächtige zu erkennen. Und sie sind absolut unberechenbar geworden. Beinahe
täglich berichten die Medien von tatsächlichen oder geplanten
Terroranschlägen – und rufen auf diese Weise immer auch Bilder
von Anschlägen wie in New York, in Madrid, in London in Erinnerung. Ständig hören und lesen wir von medial inszenierten
Bekenner-Auftritten verschiedener Terror-Gruppierungen, von
der Festnahme Terrorverdächtiger, von der Gefahr möglicherweise drohender Terroranschläge auch hier in Deutschland.
Terror, der Schrecken ist allgegenwärtig geworden. Wir vermögen nicht mehr zu unterscheiden, wo die Quelle ist, was die
Motive, wer die Täter. Wahrscheinlich gelingt auch nicht immer
die Unterscheidung zwischen geplantem und tatsächlich aus-
geführtem Terror. So fühlen wir uns permanent bedroht. Der
Wunsch nach Sicherheit ist durchaus verständlich.

Damit wächst auch der Drang der Sicherheitsbehörden nach
vorbeugender Risikobekämpfung. Neben die traditionelle
Gefahrenabwehr tritt in deren Vorfeld die Risikovorsorge, insgesamt also ein Paradigmenwechsel, im Extremfall von der

Gefahrenabwehr hin zur umfassenden Risikosteuerung. Die allerdings widerspricht dem Grundgesetz, weil dadurch die Freiheit unter die Räder gerät.

Der Vorsorge- und Präventionsgedanke ist bereits in vielen Politikfeldern verankert. Ein Beispiel ist der präventive Umweltschutz. Dort leuchtet der Gedanke eines Schutzes der natürlichen Lebensgrundlagen auch durchaus ein. Die notwendigen Einschränkungen, etwa beim Konsum, verletzen keine Verfassungsprinzipien.

Eine besondere Grundrechtsrelevanz entsteht aber im Sicherheitsbereich. Wir kennen bei der Tätigkeit der Sicherheitsbehörden die Unterscheidung zwischen Prävention und Repression. Präventiv ist die Gefahrenabwehr. Sie setzt eine im einzelnen Fall bestehende, eine sogenannte konkrete Gefahr für die öffentliche Sicherheit und Ordnung voraus. Das repressive Tätigwerden, also die Strafverfolgung, ist an das Vorliegen eines »Anfangsverdachts« einer Straftat gebunden.

Das Misstrauen des Staates gegenüber seinen Bürgern

Heute gewinnt die Gefahrenabwehr an Bedeutung. Heute erleben und erfahren wir immer wieder Eingriffsermächtigungen des Staates, die vom grundsätzlichen Misstrauen des Staates gegenüber seinen Bürgern geprägt sind. Immer wieder sammelt der Staat Informationen über gänzlich unverdächtige Bürger, sei es in Form biometrischer Fingerabdrücke für Reisedokumente, sei es durch die Speicherung ihrer Kommunikationsverbindungen für die Zeit von sechs Monaten – auf »Vorrat«. »Vorrat« bedeutet: Man sammelt erst einmal, ohne genau zu wissen, ob man diese Informationen irgendwann einmal braucht, etwa für Ermittlungen im Rahmen einer Straftat. Es genügt allein die Annahme, dass sie in dem einen oder anderen Falle nützlich sein könnten und dann dem Zugriff der Sicherheitsbehörden geöffnet werden.

Aber schon vor dieser möglichen Öffnung, selbst dann,

wenn diese Daten nie für Ermittlungen genutzt werden, erlaubt sich der Staat einen Grundrechtseingriff. Zusammengetragen werden Millionen privater Daten. Bezogen auf den einzelnen Menschen geben sie zum Beispiel Auskunft darüber, wer wann mit wem kommuniziert hat. Soweit es den Handyverkehr angeht, geben sie auch Auskunft über den Aufenthaltsort des Handybenutzers. Auf diese Weise wandern immer mehr private Daten unverdächtiger Bürger in die staatlichen Datenvorratskammern. Verdacht ist für investigative Behelligungen keine notwendige Voraussetzung mehr.

»Der Präventionsstaat ist unersättlich«, umschreibt Heribert Prantl diese Denkweise. Zu seinen besonderen Vorlieben gehören die Videoüberwachung, der biometrische Personalausweis, die Speicherung klassischer und digitalisierter Fingerabdrücke und anderes mehr. Mögen diese Maßnahmen in einzelnen Fällen berechtigt sein, so liegt das Problem darin, wie sie, sind sie erst einmal da, verwendet werden.

Eine einzelne Videokamera ist noch keine totale Überwachung; alarmieren muss auch nicht die einzelne Speichelprobe, die der Kriminalpolizei womöglich bei der Aufklärung eines Mordfalls hilft. »Wenn der Mensch aber überall mit Videokameras beobachtet wird«, schreibt Prantl, »wenn mit Erfassungssystemen festgehalten wird, wo und wann er welche Straße benutzt, wenn die Daten seiner Flüge registriert, seine Computer elektronisch durchsucht, seine Bankkonten staatlich visitiert, seine Persönlichkeitsdaten, seine Krankheiten und Gebrechen zentral abrufbar werden, dann ergibt sich die gefährliche Totalität aus der Summe.«

Solche möglichen Szenarien zeigen: Die Nutzung neuer Informationstechnologien ist ein dynamischer Prozess. Nach den bisherigen Erfahrungen werden technische Möglichkeiten, sind sie erst einmal entwickelt, weiter ausgebaut und genutzt. Was das Beispiel Vorratsdatenspeicherung angeht, wage ich schon jetzt die Prognose, dass sie eines Tages zeitlich verlängert wird, mit dem Argument: Was sechs Monate möglich ist, kann doch auch zwölf Monate möglich sein.

Ein weiterer Tummelplatz für die Datenexperten des Präventionsstaates sind die Mautdaten, die zur Abrechnung im Fernlastverkehr dienen. Nachdem die dafür nötigen Anlagen entlang der Autobahnen installiert sind und funktionieren, spricht nun technisch nichts mehr dagegen, neben den LKW auch alle anderen vorbeifahrenden Fahrzeuge auf eine gewisse Dauer zu registrieren. Der generellen Speicherung dieser Daten hat das Bundesverfassungsgericht zunächst einen Riegel vorgeschoben. Aber aus besonderem Anlass, so ist vorauszusehen, wird die Speicherung dennoch möglich sein.

Und das Szenario der Rundum-Überwachung lässt sich mühelos weiterspinnen: Die Daten der Videokameras auf den Bahnhöfen könnten eines Tages kombiniert werden mit den biometrischen Daten. So ließe sich leicht nachverfolgen, wer zu welcher Zeit in wessen Begleitung einen Bahnhof betreten oder verlassen hat.

»Vorbeugung ist keine Erwartung, die ausschließlich im Zusammenhang mit der Sicherheitspolitik auftaucht und deshalb nur in ihrem Kontext gesehen und beurteilt werden muss«, sagt der Jurist und Datenschutzexperte Professor Spiros Simitis. »Kontroversen wie der Konflikt über die Vorratsdatenspeicherung, Vorschläge wie die Anregung, kriminogene Faktoren durch eine fortlaufende Beobachtung von Kindern, und zwar schon vom embryonalen Zustand an, oder Datenkombinationen wie die inzwischen fast selbstverständliche Verknüpfung von Angaben aus den unterschiedlichsten Dateien qualifizieren die Prävention gewiss als besonderes, wenn nicht singuläres Wahrzeichen einer bewusst langfristig angelegten Sicherheitspolitik.« Nichts anderes, so fährt Simitis fort, gelte für den Gesundheitsbereich: »Allein schon die Debatte über die elektronische Gesundheitskarte sowie die damit verbundene Konzentration der Daten und die Vielfalt ihrer möglichen Verwendungen« lasse deutliche »Präventionsbestrebungen« erkennen.

Jeder ist potenziell verdächtig

Im Präventionsstaat verwischen sich die Grenzen zwischen Unschuldigen und Schuldigen, zwischen Unverdächtigen und Verdächtigen. Wir werden alle zu Risikofaktoren. Die EU-Richtlinie zur verdachtsunabhängigen Vorratsdatenspeicherung von Telefon- und Internetdaten ist schon heute das herausragende Beispiel für diese Praxis. Diese Richtlinie bedeutet: Alle Telekommunikationsdaten und alle Internetdaten der Bürger werden gespeichert, ohne Ausnahme, ohne konkrete Angabe von Gründen. Wir alle gelten mithin als potenziell verdächtig. Unser Grundrecht, in Ruhe gelassen zu werden, solange wir den staatlichen Ermittlern keinen Anlass zu Sorge und Eingreifen geben, wird ausgehöhlt.

»Es geht darum, ein Frühwarnsystem zu errichten«, schreibt Heribert Prantl in einem seiner zahlreichen Artikel, in denen er um die Erhaltung des Rechtsstaats kämpft. »Es entsteht ein einheitliches vernetztes Sicherheitssystem, in dem geheimdienstliche (also rechtsstaatlich kaum kontrollierte) Ermittlungsmethoden allgemeiner Standard werden. Es werden, und das ist der Preis dieses Frühwarnsystems, Mittel und Methoden angewendet (heimliches Abhören und heimliche Kontrollen), die im Strafrecht nur gegen Verdächtige möglich waren. Der Präventionsstaat muss, das liegt in seiner Logik, dem Bürger immer mehr Freiheit nehmen, um ihm dafür Sicherheit zu geben; das trägt den Hang zur Maßlosigkeit in sich, weil es nie genug Sicherheit gibt.«

Eine solche Sicherheitsphilosophie führt, konsequent zu Ende gedacht, zur Vorbeugehaft sogenannter Gefährder, also von Personen, gegen die kein Tatverdacht vorliegt. Auch das von der Großen Koalition vorgelegte Gesetz »zur Verfolgung der Vorbereitung von schweren sicherheitsgefährdenden Gewalttaten« betrifft die Strafbarkeit von Vorbereitungshandlungen. Sie werden so weit ins Vorfeld verlagert, dass ein Bezug zu einer möglichen Haupttat kaum mehr erkennbar ist. Das geplante Gesetz mit dem sperrigen Namen wird landläufig

»Terrorcamp-Gesetz« genannt, weil mit ihm jene Personen getroffen werden sollen, die im Ausland sogenannte Terroristenlager besuchen. 140 Deutsche sind nach Angaben der Bundesregierung seit 2001 in Terrorcamps in Pakistan gewesen, von denen ungefähr die Hälfte nach Deutschland zurückkehrte. Diese rund siebzig Personen sind aus Sicht von Verfassungsschützern ein erhebliches Sicherheitsrisiko. Daran ist nicht zu zweifeln.

Das geplante Gesetz aber stellt nicht eine konkrete Straftat, sondern allein deren nicht konkrete Vorbereitung unter Strafe. Ein nahezu absurdes Unterfangen. Müsste man doch einem möglichen Einzeltäter eine mögliche Absicht, nämlich eine möglicherweise von ihm geplante terroristische Tat nachweisen. Damit enthält der aktuelle Gesetzentwurf eine Vorverlagerung der Strafbarkeit. Für eine Strafbarkeit ist es notwendig, dass ein Rechtsgut verletzt wird oder aber dies unmittelbar bevorsteht. Diese Absicht dem Besucher eines Terrorcamps nachweisen zu wollen, grenzt an Unterstellung – oder an das halbseidene Gebaren der Hellseher auf dem Jahrmarkt.

Das geplante Gesetz will also einen angeblichen Täter verfolgen, ohne dass es eine Straftat gibt. Schon vor Verabschiedung des Gesetzes ist klar, dass es niemals zur Bestrafung, sondern allein zur Verfolgung dienen kann. Hinter dieser Vorverlagerung von Strafbarkeit steckt staatliches Kalkül: Es liegt nahe, dass der Zweck des Gesetzes nicht kriminalpolitischer Natur ist, sondern der Prävention dient – es soll den Strafverfolgungsbehörden den Einsatz zahlreicher Ermittlungsmaßnahmen ermöglichen. Die zu einer rechtsstaatlichen Verurteilung untauglichen Strafvorschriften werden deshalb geschaffen, weil der Staat zur Verfolgung dieser Delikte das schwere Instrumentarium der Strafprozessordnung einsetzen kann: Überwachung und Aufzeichnung der Telekommunikation, Lauschangriff, Hausdurchsuchung bei Kontaktpersonen, Kontrollstellen auf Straßen und Plätzen, Vermögensbeschlagnahme, Verhaftung und Untersuchungshaft wegen Wiederholungsgefahr. Die schwersten denkbaren Maßnahmen und

Grundrechtseingriffe werden damit auf allerdünnstes Eis gestellt.

Die Sicherheitsbehörden müssen daran gehindert werden, ins Blaue hinein tätig zu werden, allein aus der Befürchtung heraus, es könnte »das Schlimmste« drohen. Die mutmaßlichen »Sauerland-Terroristen« sind auch unter Anwendung der bestehenden Gesetze und Fahndungsmöglichkeiten gefasst worden.

Sicherheit darf nicht Staatszweck sein

Grundrechtsbeeinträchtigungen sind nur dann zu rechtfertigen, wenn sich die Annahme einer Gefahr auf konkrete Fakten im Tatsächlichen stützt, also eine hinreichende Wahrscheinlichkeit gegeben ist, dass in absehbarer Zeit ein Schaden für ein Rechtsgut eintritt. Beachtet man diese Grenzen nicht, geraten ganze Bevölkerungsgruppen unter Generalverdacht. Die staatlichen Aktivitäten sind dann überhaupt nicht mehr zu begrenzen, sondern werden, ganz im Gegenteil, nach jedem Anschlag, der gar nicht zwingend in Deutschland, sondern auch in der europäischen Nachbarschaft passieren kann, weiter vorangetrieben. Sicherheit wird auf diese Weise zum Staatszweck!

Der Prävention müssen Grenzen gesetzt werden, und zwar nicht nur durch das Bundesverfassungsgericht. Die Politik ist gefragt. Eine Politik, die sich nur an den Grenzen des verfassungsrechtlich Zulässigen orientieren würde, wäre die Bankrotterklärung freier politischer Gestaltung. Nicht alles, was verfassungsrechtlich möglich ist, muss auch in die Tat umgesetzt werden. Der Gesetzgeber hat die Freiheit, sich in diesem Rahmen zu bewegen und nach eigenen Wertentscheidungen zu handeln. Es muss doch möglich sein, eine vernünftige Debatte über die Balance zwischen Freiheit und Sicherheit zu führen, ohne immer wieder an der äußersten Grenze der Verfassung entlangzuschrammen.

Etwas anderes würde auch zu einer Überforderung des Bundesverfassungsgerichts führen. Es gibt Grundsätze vor. Nach einem Urteil aus Karlsruhe muss der Gesetzgeber regelmäßig erneut tätig werden. Er sollte sich besser vorher überlegen, welche Konsequenzen und auch welche Grenzen seine Pläne haben könnten – und ob er es zum Äußersten kommen lassen will. Der Verfassungsrichter Wolfgang Hoffmann-Riem hat am Ende seiner Amtszeit, in der er für die großen Leiturteile auf dem Gebiet der inneren Sicherheit als Berichterstatter zuständig war, resignierend festgestellt: »Die Balance zwischen Freiheit und Sicherheit ist weiterhin nicht gewahrt. Daran konnte auch das Verfassungsgericht mit seinen punktuellen Entscheidungen nichts ändern.«

Es ist also der Gesetzgeber, der die Normen setzt, die Verwaltung kontrolliert und vom Bürger im regelmäßigen Abstand gewählt wird. Er hat letztlich das Heft des Handelns in der Hand. Noch einmal: Es wäre ein gröbliches Missverständnis der Rechtsprechung, wenn sie vom Gesetzgeber einfach abgeschrieben würde. Im vorgegebenen Rahmen muss Spielraum für eigene Wertungen bleiben.

Bis heute wird lediglich eine punktuelle Maßnahme auf die andere gesetzt. Ein sicherheitspolitisches Gesamtkonzept, das auf der Basis gesammelter Erfahrungen einer gründlichen Diskussion unterzogen worden wäre, ist nicht in Sicht. Die Diskussion verengt sich immer auf die einzelne Maßnahme, während sich nur aus der Summe aller Maßnahmen feststellen lässt, inwieweit die Balance zwischen Freiheit und Sicherheit gestört ist.

Diese Balance zwischen bewusst riskierter Freiheit einerseits und mit Freiheitsabstrichen erkaufter Sicherheit andererseits ist freilich in Zeiten eines international agierenden Terrorismus besonders schwierig zu halten. Sie droht ständig in Richtung Sicherheit zu kippen. Immer wieder werde ich gefragt, was Bundesinnenminister Wolfgang Schäuble denn wohl antreibe, so hartnäckig seine Politik zu verfolgen. Ich kann dann nur Vermutungen anstellen. Sein zentrales politisches Motiv ist wohl die Bemühung und der Wunsch, im Falle eines jederzeit möglichen Terroranschlages derjenige zu sein, der vor einem solchen Schreckensereignis gewarnt hat und dem man die Mittel zu der aus seiner Sicht wirksamen Bekämpfung des Terrorismus jedenfalls partiell verweigert hat.

Natürlich wird es im ersten Schock eines Terroranschlages schwierig sein, mit Argumenten durchzudringen, wie ich sie vertrete. Während der Schleyer-Entführung haben zeitweise siebzig Prozent der Befragten für die Todesstrafe gegen RAF-Täter plädiert, die im Grundgesetz ausdrücklich verboten ist. Schockreaktionen, mentale und emotionale Stresssituationen führen zu Kurzschlüssen, wie in den USA nach dem 11. September.

Aber so schwierig es vor allem angesichts der Vorstellung lebensbedrohlicher Szenen klingt: Wir müssen uns immer wieder bemühen, Situationen, die uns und unser demokratisches System an die Grenzen des Erträglichen und Zumutbaren bringen, auszuhalten. Und wir müssen auch in solch extremen Lagen für unsere Überzeugung kämpfen: für die uneingeschränkte Geltung des Grundgesetzes. Regeln und Selbstverpflichtungen bewähren sich immer erst in Krisenzeiten.

Noch eins: Meine langjährigen Erfahrungen sagen mir, dass nach jedem Terroranschlag die verantwortlichen Sicherheitskräfte – an der Spitze der verantwortliche Minister – auch mit zum Teil unberechtigten Vorwürfen überzogen werden. Dann wird es Diskussionen über Fahndungspannen geben, die von denen angezettelt werden, die ungerechterweise eine Situation aus der Informationslage nach der Tat und nicht vor der Tat beurteilen. Die Verantwortlichen können Schuldvorwürfen gar nicht ausweichen.

Hard Power oder Soft Power? Vom Umgang mit dem Terror

Schon während der RAF-Zeit war unser Denken und Handeln von der Überlegung getragen, dass wir terroristischen Bedrohungen nicht allein mit Polizei, Justiz und Militär begegnen können. Neben solcher, wie wir heute sagen, »Hard Power« war und ist ganz unbedingt auch »Soft Power« gefragt. Zur Auseinandersetzung mit anderen, mit politisch Andersdenkenden, selbst mit politischen Gegnern gehört immer auch der Dialog, die Werbung für die eigene politische Überzeugung und Zielsetzung.

Als die ersten Terrorwellen der RAF die Bundesrepublik in Unruhe versetzten, wollten wir uns auch mit den Ursachen auseinandersetzen. Wir wollten die Gründe für die Entstehung der Protestszene erfahren, wir wollten wissen, wie es schließlich zu kriminellen Taten, begangen durch eine Minderheit, hatte kommen können.

Es hat allerdings eine geraume Zeit gedauert, bis uns klar wurde, dass zur Bekämpfung des Terrorismus der Einsatz von Polizei und Justiz allein nicht reichen würde. Diskussionen über die Ursachen von Gewalt wurden erforderlich. Warum mündete der Widerstand, den viele Menschen geleistet hatten, bei einigen wenigen in kriminelle Gewalt? Dabei sahen wir uns nicht nur in Konfrontation mit den aktiven Tätern, sondern auch mit zahlreichen Sympathisanten aus deren Umfeld, die dann zu einer besonderen Gefahr wurden, wenn sie den Tätern halfen.

Bereits Ende der 70er-Jahre widmeten sich namhafte Wissenschaftler in wichtigen Untersuchungen den Ursachen, Erscheinungsformen und Auswirkungen des Terrorismus. Karl Christian von Braunmühl, der Bruder des ermordeten Diplomaten Gerold von Braunmühl, kommentierte diese Forschungen zum Terrorismus Jahre später wie folgt: »Zu meiner Empörung gegen die Mörder gehört für mich untrennbar die Frage: Sind die Terroristen vom Himmel gefallen, oder sind sie aus dem Boden dieser Gesellschaft gewachsen?«

Um das herauszufinden, wurde damals der Versuch unternommen, die Sprachlosigkeit gegenüber den Protest-Gruppen innerhalb der Gesellschaft zu überwinden und die Kommunikation mit den für uns Erreichbaren aufzunehmen. Wir wollten ihnen die Reformfähigkeit unserer Gesellschaft im Rahmen des parlamentarischen Systems vor Augen führen. Derart begründet war auch mein Gespräch mit dem Ex-Terroristen und früheren Anwalt Horst Mahler. Er hatte sich von seinen Taten distanziert – heute ist er politisch am äußersten rechten Rand zu verorten. Im direkten Dialog mit ihm wollte ich Erklärungen für seinen Weg in den Terrorismus nachspüren. Ich fühlte mich bei diesen Diskussionen von dem Bewusstsein getragen, dass – wie das Verfassungsgericht es einmal ausgedrückt hat – »die ständige geistige Auseinandersetzung und der Kampf der Meinungen das Lebenselement der demokratischen Staatsordnung sind«.

Die Sympathisantenszene der RAF verlor mit der Zeit an Vitalität und verschwand schließlich. Die Entfremdung zwischen den Generationen wurde überwunden. Ich sagte damals: »Wir müssen den jungen Menschen das bieten, was sie außerhalb dieser Gesellschaft gesucht haben: Sensibilität, Solidarität, Kommunikation und Konzentration auf menschliche Fragen. Dass dieser Staat Kraft dazu hat, ist meine Überzeugung. Es sind seine Liberalität, seine Toleranz und seine Humanität, die ihm die notwendige moralische Kraft geben. Seine liberale Verfassung ist immer noch das stärkste Argument zum Engagement.«

Heute stehen wir vor der Herausforderung durch einen ganz anders motivierten und anders operierenden Terrorismus. Damals hatten wir einen überschaubaren Täterkreis mit Motiven, auf die wir Einfluss nehmen konnten. Damals belegten spätestens die allerorten öffentlich ausgehängten Fahndungsplakate, dass wir die Namen der RAF-Terroristen und ihre Gesichter kannten. Eine Ausnahme bis heute sind die Täter der sogenannten dritten Terroristengeneration, die wir nicht kennen.

Heute haben wir es mit einer unüberschaubaren und, abgesehen von einigen Führungsfiguren, nicht mehr nach Gesichtern zu unterscheidenden international agierenden Truppe von Terroristen zu tun. Anonyme Aggressoren geografisch disparater Gruppen, die in nur loser Verbindung miteinander stehen. Einige von ihnen sind, anders als die deutschen Terroristen, anscheinend selbstverständlich bereit, ihr eigenes Leben als Selbstmordattentäter zu opfern.

Eine der zentralen Fragen heute lautet deshalb: Kann man in den Köpfen dieser potenziellen Täter etwas bewirken, um den islamistischen Terrorismus an seiner Wurzel zu bekämpfen? Das wird sehr schwer sein, dennoch meine ich, wir sollten diese Aufgabe nicht aus den Augen verlieren.

Eine Voraussetzung dafür, hier überhaupt Aussicht auf Erfolg unterstellen zu können, wäre es, Kenntnis davon zu erlangen, was in den Köpfen dieser extrem aggressionsbereiten und selbstvergessenen Terroristen vorgeht. Diese Menschen sind uns gänzlich fremde, psychomental und religiös nicht begriffene Täter geblieben. Eine Frage stellt sich ganz besonders: Was treibt die Unterstützer, die aus unserer Gesellschaft kommen?

Kein »Zusammenprall der Kulturen«

Ein Hauptmotiv für die Täter heute ist die Auseinandersetzung zwischen Israel und den Palästinensern. Motivierende Faktoren für den Terrorismus sind das Eingreifen des Westens in Afghanistan, die Parteinahme für Israel und der angebliche Verrat des wahren Islam in den arabischen Staaten. Die meisten der terroristischen Anschläge finden ihre Opfer im arabischen Raum. Das wissen wir alles.

Aus dem Islam ergibt sich nicht zwangsläufig der Terrorismus. Wir stehen auch nicht vor einem unausweichlichen »Zusammenprall der Kulturen«, der Nährboden des Fundamentalismus ist. Diese These vertritt der Ende 2008 verstorbene Politologe Samuel Huntington. Huntington verkennt, dass

Konflikte in den seltensten Fällen genuin ethnischer oder religiöser Natur sind, sondern einer sozialen und politischen Lebenswirklichkeit entspringen. Er stellt der »westlichen Zivilisation« andere Zivilisationen, darunter die islamische, gegenüber. Damit liefert er denjenigen Argumente, die die Idee der Menschenrechte allein als ein Produkt der westlichen Zivilisation sehen und nicht als ein völkerrechtlich fundiertes Element globaler Universalität.

Viele Menschen in unserem Land sehen in einem erstarkenden Islam zu Unrecht eine Bedrohung unserer Gesellschaft oder gar unserer Sicherheit. Gewiss, im Islam gibt es Tendenzen der Feindschaft gegen den Westen. Vieles mag uns fremd sein. Viele Muslime fühlen sich als Globalisierungsverlierer und erkennen nicht, dass ihr Versagen vor allem auch auf eigenes Verhalten zurückzuführen ist. Der in regelmäßigen Abständen publizierte Bericht der UN-Organisation UNEP zur »Lage in den arabischen Staaten«, ausschließlich verfasst von arabischen Wissenschaftlern, kommt wiederholt zu dem Ergebnis, dass Misswirtschaft, Korruption und Demokratiedefizite Ursache der wirtschaftlichen Misere der arabischen Staaten sind. Der jüngst verstorbene große Liberale Ralf Dahrendorf stellt zu Recht fest: »Es bliebe also zu zeigen, dass der islamische Fundamentalismus ein alternatives Bild der Zukunft anzubieten hat, das den Benachteiligten der Welt, nicht zuletzt der westlichen Welt, eine Alternative zur liberalen Ordnung liefert. Solang das nicht geschieht, bleibt das Projekt JIHAD eine lästige Episode, nicht eine Gefährdung der Freiheit. Es geht eben um Terrorismus, nicht um Krieg … Es geht auch nicht um Totalitarismus.«

Es wird also ein sehr schwieriger und langwieriger Prozess sein, »Soft Power« gegen den islamistischen Terror ins Spiel zu bringen. Dennoch muss diese Aufgabe auf der Tagesordnung bleiben. Grundlage darf nicht eine von Islamophobie geprägte Diskussion mit dem Islam sein. Das Gespräch muss vorurteilsfrei mit einem Islam geführt werden, der ja unterschiedliche Facetten hat. Die Diskussion muss auf der Basis universell geltender Werte erfolgen, wie sie nach 1948 in der »Allgemeinen Erklärung der Menschenrechte« zum Ausdruck kommen und in allen Kulturreligionen verankert sind – auch im Islam. Es gibt also keine isolierte »Leitkultur« der Deutschen oder des Westens, die sich von diesen universellen Werten unterscheiden würde. Die bei uns mit großem Aufwand begonnene Diskussion über deutsche Leitkultur ist ja sang- und klanglos im Sande verlaufen.

Allerdings müssen wir mit Nachdruck darauf bestehen, dass das islamische Recht, in welcher Auslegung auch immer, keinen Vorrang vor den Menschenrechten hat. Die Muslime in Deutschland müssen akzeptieren, dass wir in einem weltanschaulich neutralen Staat leben, der vom Prinzip der Toleranz geprägt ist. Artikel 1, das Prinzip der Menschenwürde, gilt für alle in unserem Lande lebenden Menschen. Natürlich müssen wir uns zuallererst selbst an dieses Prinzip halten, was nicht konsequent geschieht.

Eine aktuelle Umfrage des amerikanischen Gallup-Instituts zeigt, dass in Deutschland lebende Muslime sich in hohem Maß mit unserem Staat und seinen Einrichtungen identifizieren, mitunter stärker als die Deutschen selbst. Das zeigt: Den islamistischen Fundamentalisten gehört nicht die Zukunft. Von ihnen geht keine bedrohliche politische Bewegung aus, die den Westen nachhaltig gefährden könnte. Die islamistische Bedrohung zeigt allein punktuell Wirkung. Dahrendorf spricht deshalb sehr zutreffend von »Nadelstichen«. Im Übrigen erinnern mich die populistisch verkürzten Thesen von Huntington vom »Zusammenprall der Zivilisationen« an die ebenso vereinfachenden Thesen von Oswald Spengler über den angeblichen »Untergang des Abendlandes«, die in meiner Jugend eine Rolle spielten.

Mit Netz und doppeltem Boden. Wie risikobereit sind wir?

Versteht man die Summe aller präventiven Maßnahmen angesichts einer möglichen terroristischen Bedrohung wohlwollend
als Teil der Wohlfahrtsfürsorge des Staates gegenüber seinen
Bürgern, so stellt sich die Frage, ob die Schützlinge so viel pro-
tektive Zuwendung überhaupt bestellt haben. Denn Sicherheit
ist nicht Selbstzweck, sondern eine Verpflichtung des Staates
gegenüber den Bürgern und ihren Bedürfnissen, den Wählern
und ihren Wünschen. Aufgabe des Staates ist nicht vorrangig,
mögliche Gefahren abzuwehren, sondern die Menschen vor
tatsächlichen Gefahren zu schützen.

Dazu gehört ein Staat, der sich in der Rolle des Beschützers
gefällt und der ähnlich dem Leviathan im Gegenzug für Sicherheit und Ordnung seinen Bürgern einen gewissen Gehorsam, unter Umständen auch Freiheitsverzicht abverlangt. Phi-
losophisch: Modell Hobbes. Psychologisch: Modell goldener
Käfig. Pädagogisch: überbehütend.

Dazu gehört aber auch ein Bürger, der ein solches Vorgehen
erzeugt, hinnimmt, vielleicht auch herausfordert. Der bereit ist,
für ein Leben in Ruhe und Ordnung den Preis eingeschränkter
Persönlichkeitsrechte zu zahlen. Ein Bürger, der die Verantwortung für ein sicheres Leben an den starken Vater Staat de-
legiert und dessen fürsorgliche Belagerung geradezu initiiert.
Ein Bürger, der aus Furcht vor einer möglichen Bedrohung bereitwillig in die Rolle des Schutzbedürftigen schlüpft.

Ich kritisiere nicht das berechtigte Bemühen, dem Sozial-
staatsprinzip gerecht zu werden. Es gehört zur Grundlage
unserer Verfassungsordnung und entspricht einem Grundbedürfnis der Menschen. Ich kritisiere, dass Politiker sich zu
Sicherheitsversprechen hinreißen lassen und nicht Verständnis
dafür einfordern, dass Unsicherheit notwendig zum freien
Menschen gehört. Wie gehen wir um mit dem Risiko, mit
der Bedrohung, mit »dem Schlimmsten«? Wie groß ist unsere
Risikobereitschaft, wie ausgeprägt das Aushalten von Gefährdung, von Unsicherheit?

Die fundamentale Wirtschaftskrise hat uns kalt erwischt. Sie wird erschreckende Folgen haben. Durchaus möglicher, vorsorgender Schutz gegen Gefährdungen dieser Art wurde vernachlässigt. Nun brechen ganze Branchen und Märkte zusammen. Arbeitslosigkeit ist längst nicht mehr nur ein Problem schlecht ausgebildeter Schichten, sie kann jeden treffen, ob Arbeiter oder Manager. Bedroht sind nicht nur berufliche Existenzen, sondern auch das privat Geschaffene – Familienwelten, Freizeitwelten, Konsum- und Kulturgenuss, solide Lebensstandards.

In den nun drohenden massiven Einschränkungen offenbaren sich die Schattenseiten der globalisierten Wirtschaftsprozesse. War Entgrenzung eben noch Ziel privater Lebensgestaltung – durch Selbstverwirklichung und Selbstbestimmung in der Beziehung, in der Freizeit, im Berufsleben, für manchen auch in der Inszenierung der eigenen Identität –, so wird sie nun auch als Bedrohung empfunden. Mit nationalen Grenzen sind in der globalisierten Welt auch Orientierung gebende soziale Systeme und Strukturen abhanden gekommen, und zwar dauerhaft. Heimat ist überall und nirgends, wer all over the world Englisch spricht, vermisst irgendwann die identitätsstiftende Sprache, vielleicht den Dialekt der Eltern und Großeltern. Nationale und kulturelle Eigenheiten, die Sicherheit gaben, sind verschwunden. Entgrenzte Welt, grenzenlose Freiheit bedeutet zugleich dort Bodenlosigkeit, wo bisher Bodenständigkeit das Alltagsleben prägte.

Entgrenzung erzeugt ein im gleichen Maß wachsendes Bedürfnis nach Halt, nach Berechenbarkeit – und das ist im sozialen Bereich durchaus nachvollziehbar.

»Offensichtlich gibt es einen grundlegenden Wandel im öffentlichen Bewusstsein, demzufolge nicht die Freiheit, sondern die Sicherheit zum höchsten Gut und zum fraglosen Leitwert geworden ist«, konstatiert der Psychologe Rainer Funk, Vorsitzender der Erich-Fromm-Gesellschaft. Dieser Wandel lasse sich auf allen gesellschaftlichen Ebenen beobachten, besonders deutlich »in den Gesetzgebungen zur Sicherheit des Staates und seiner Bürger«.

Der neue Leitwert zeigt sich auch in einer Gesellschaft, die alles und jeden versichert. Laut einer Information der Verbraucherschutzorganisation »Bund der Versicherten« gibt der Durchschnittsdeutsche mehr als 2000 Euro im Jahr für Versicherungen aus. Reisegepäck-, Insassenunfall-, Handyversicherung – alles wirklich nötig? In Wahrheit lässt sich durch Versicherungen »das Schlimmste« keineswegs bannen. Aber Versicherte erkaufen sich immerhin die Illusion, es ginge doch – indem man verabredet, dass das (weiterhin mögliche!) Eintreten »des Schlimmsten« Zahlungen auslöst. Die terroristische Gefahr ist eben nur einer von vielen möglichen Indikatoren für »unsichere Zeiten«, nur eine von vielen Bedrohungen, die ein erhöhtes Sicherheitsbedürfnis auslösen, Sicherheit zum bestimmenden Leitwert machen.

Immer neue Nahrung für die »German Angst«

Was den Begriff des Risikos in der Moderne ausmacht, beschrieb der Soziologe Ulrich Beck in seinem 1986 erschienenen Buch »Risikogesellschaft«. Nahezu zeitgleich nahm die Wirklichkeit ihre eigene Definition vor: Im April 1986 explodierte im weißrussischen Kernkraftwerk Tschernobyl ein Atomreaktor. Die Folgen der nuklearen Verseuchung waren noch Tausende Kilometer weit weg zu spüren, in Deutschland warnte man noch Jahre danach vor dem Genuss von möglicherweise verstrahlten Lebensmitteln aus Feld und Wald.

Damit erhielten Becks Buch und seine These, dass es in der modernen Gesellschaft »wesentlich um Folgeprobleme der technisch-ökonomischen Entwicklung selbst« gehe, plötzlich eine Art Realitätsschub: Aus der Warnung wurde die Beschreibung von Wirklichkeit. »Vieles, was im Schreiben noch argumentativ erkämpft wurde, die Nichtwahrnehmbarkeit der Gefahren, ihre Wissensabhängigkeit, ihre Übernationalität … liest sich nach der Katastrophe von Tschernobyl wie eine platte Beschreibung der Gegenwart. Ach, wäre es die Beschwörung einer Zukunft geblieben, die es zu verhindern gilt!«, notierte Beck im Vorwort zur zweiten Auflage.

Wir leben in einer immer komplexer werdenden Welt, in der das Unwissbare, mithin sowohl das erkennbare wie auch das nicht sichtbare Gefahrenpotenzial zu- statt abnimmt. Klimawandel, Börsencrash, Kollisionen von Atom-U-Booten und Satelliten im All – das sind längst keine Schreckensvisionen mehr, sondern angekündigte und teilweise bereits eingetretene Ereignisse. Weitere werden folgen, ob in Form von Naturkatastrophen oder menschengemachten Schrecknissen.

Wie sie wahrgenommen werden, ist auch eine Folge ihrer medialen Aufbereitung. Als klassischer Beleg für die These, dass sich die Folgen tatsächlicher Gefahren und bloß medial behaupteter Bedrohung nicht auseinanderhalten lassen, wird seit den 70er-Jahren das Orson-Welles-Hörspiel »Krieg der Welten« zitiert. Dessen Ausstrahlung am 30. Oktober 1938 führte in New York und anderen amerikanischen Großstädten zu einer Massenpanik, weil die Menschen sich tatsächlich von Außerirdischen heimgesucht wähnten und glaubten, vor ihnen flüchten zu müssen. (Wohin eigentlich?)

Die Verwässerung von Wirklichkeit und Fiktion unter Einsatz medialer Mittel ist längst Welten weiter: Inzwischen werden ganze Kriege vor den Kameras der internationalen Medien geführt (wie im Irakkrieg geschehen). Terroristen kündigen immer neue Schreckenstaten offiziell in verschiedensten Medien an, auch Terrorwarnungen von Geheimdiensten werden medial kommuniziert. Neben dem tatsächlichen Terror und zahllosen, teilweise sensationsheischenden Berichten über Kriminalität und Gewalt beherrscht das Thema Bedrohung auch in diversen fiktiven Aufbereitungen – in Form von Krimis, Spielfilmen, Computerspielen etc. – die Medien. Gilt doch der Faktor »Crime« immer noch als zuverlässiger Quoten- und Auflagengarant. Verkaufsschlager Verbrechen.

Wenn Risiko und Bedrohung allgegenwärtig sind, folgt Fatalismus auf den Fuß: »Wo sich alles in Gefährdungen verwandelt, ist irgendwie auch nichts mehr gefährlich«, hielt Ulrich

Beck in seiner »Risikogesellschaft« fest. Die Folge: Gleichgültigkeit.

Gleichwohl erhält die viel beschworene »German Angst«, diese Attitüde des Grübelns und Zögerns, die man den Deutschen international gern als Klischee umhängt wie eine kollektive Zwangsjacke, immer neue Nahrung. Gleichwohl glauben viele Deutsche, das Leben werde immer gefährlicher. Obschon die Kriminalität hierzulande sinkt, fühlten sich im Jahr 2004 einer Umfrage zufolge 44 Prozent der Bundesbürger nicht mehr sicher.

Diese gefühlte Angst hat politische Brisanz. Sie ist dem Staat im Verein mit möglicher terroristischer Bedrohung Legitimation für immer neue Sicherheitsgesetze – unter Inkaufnahme von Grundrechtseinschränkungen. Und »sie hat sich auch in den Herzen und Köpfen der Menschen eingenistet«, sagt der Psychologe Rainer Funk. Er erklärt weiter: »Wenn viele Menschen bewusst und unbewusst nach immer mehr Sicherheit streben und dabei in Kauf nehmen, dass ihre Freiheitsrechte massiv eingeschränkt werden, dann ist ein solches Grundstreben psychisch in einer Charakterbildung verankert.« Die Menschen identifizieren sich mit diesem Streben, empfinden es als gesellschaftlich richtig und normal. Womöglich liegt hier auch der Schlüssel zur Erklärung einer anderen sorglosen Feststellung vieler Menschen, nämlich der, sie hätten »ja nichts zu verbergen«.

Erich Fromm hat sich aus der Sicht des Psychoanalytikers und Sozialphilosophen intensiv mit diesen Gesellschafts-Charakterorientierungen beschäftigt, insbesondere mit dem autoritären Gesellschaftscharakter, der nach Herrschaft über andere strebt, mit dem Ziel, sich die anderen gefügig, gehorsam und dankbar zu machen. Ihm steht auf der anderen Seite der Wunsch gegenüber, unterwürfig, opfer- und leidensbereit zu sein, also die eigene Freiheit aufzugeben und sich dem Willen der Autorität zu fügen. Dieses Modell verdeutlicht das Zustandekommen totalitärer Strukturen und Systeme. In seinem Buch »Die Furcht vor der Freiheit« ging Fromm 1941 der Frage nach, was die Menschen dazu treibt, sich einem Führer blindlings zu unterwerfen.

Die Sorge, dass grenzenloses Sicherheitsstreben uns gleichgültig macht gegenüber den Grundwerten unserer freiheitlichen Ordnung und eine Bedrohung für das erfüllte Leben des Einzelnen und auch für die Zukunft der Demokratie darstellt, verbindet mich mit Erich Fromm – vor allem, wenn er sagt: »Unsere Kultur hat die Tendenz, Menschen hervorzubringen, die keinen Mut mehr haben und die es nicht wagen, auf eine anregende und intensive Weise zu leben. Wir werden darauf getrimmt, nach Sicherheit als Lebensstil zu streben. Diese aber lässt sich hier nur dadurch erreichen, dass man sich vollständig anpasst und völlig gefühllos wird. So gesehen sind denn auch Freude und Sicherheit völlige Gegensätze, denn Freude ist das Ergebnis intensiven Lebens.«

Unsicherheit und Risikobereitschaft gehören zum Wesen des freien Menschen: »Der freie Mensch ist notwendigerweise unsicher, der denkende Mensch ist sich notwendigerweise seiner Sache nicht gewiss«, sagte Fromm 1955. Der Glaube an das Leben und die produktiven Kräfte, die in jedem Menschen wohnen, begleiten den Weg zum selbstbewussten »Ich bin ich«.

Von dieser Grundüberlegung Fromms geht auch dessen Schüler Rainer Funk aus, wenn er das heute offensichtliche Sicherheitsbedürfnis einordnet. »Dem gegenwärtigen Sicherheitsstreben liegt nicht der Wunsch nach Herrschaft und Unterwürfigkeit zugrunde«, sagt Fromm-Experte Funk. Vielmehr wolle es »alles berechnen, im Griff haben, kontrollieren und absolut verlässlich sichern«. Das Beängstigende daran sei, »dass immer mehr Menschen den Wunsch haben, kontrolliert, berechnet, beschützt und überwacht zu werden. Sie wollen auf Nummer sicher gehen, setzen sich deshalb nicht gegen den Überwachungsstaat zur Wehr und sind bereit, ihre eigenen Freiheitsrechte aufzugeben«.

Womit zumindest eine Antwort gefunden ist auf die eingangs aufgeworfene Frage, ob die Menschen dem Staat mit ihrer individuellen Haltung Vorschub leisten für die innere Sicherheitsaufrüstung. Bleibt die Frage nach der Gleichgültigkeit vieler Menschen angesichts der damit verbundenen Beschneidung ihrer Freiheitsrechte.

Auch dafür findet Rainer Funk bei Erich Fromm eine Antwort. Der schrieb nämlich 1962, auf dem Höhepunkt von Kaltem Krieg und Kuba-Krise, in einem Brief, »dass die Menschen gegenüber der Kriegsgefahr deshalb so passiv sind, weil die Mehrheit einfach nicht das Leben liebt«. Gleichgültigkeit, so spürte es Fromm damals, hat damit zu tun, dass Menschen innerlich nicht mehr lebendig sind und es nicht attraktiv finden, aus eigenem Antrieb zu leben. Sie fühlen sich, so nun Funks Deutung, »vom Leblosen, Dinglichen, Berechenbaren, eben vom ganz Sicheren mehr angezogen als vom Lebendigen, das immer auch unsicher, unwägbar, unberechenbar« sei.

Sicherheit als letztlich bequeme Alternative zum Leben, das immer auch Unwägbarkeit in sich birgt. Wer dafür seine Grundrechte preisgibt, macht einen schlechten Handel, denn Unwägbarkeit bedeutet nicht allein Bedrohung, sondern eröffnet auch neue Chancen und Optionen. In diesem Sinne ist die Freiheit, seine eigenen Handlungen zu wählen, an die Voraussetzung geradezu gebunden, dass man niemals genau wissen kann, was aus dem Handeln folgt. Wie Erich Kästner nämlich sagte: »Leben war immer schon lebensgefährlich.«

Karlsruher Korrekturen 3
Die Rolle des Bundesverfassungsgerichts

Mehrfach sah Gerhart Baum in den vergangenen Jahren die Grundrechte durch neue Gesetze bedroht, mehrfach reichte er deshalb Verfassungsbeschwerde ein. Der Mühe Lohn: In fast allen Fällen gab das höchste deutsche Gericht Baum und seinen Mitstreitern, darunter sein Freund und früherer NRW-Innenminister Burkhard Hirsch, die frühere Bundesjustizministerin Sabine Leutheusser-Schnarrenberger und Rechtsanwalt Peter Schantz, recht:

– Im Jahre 2004 befanden die Karlsruher Richter den »Großen Lauschangriff«, das Gesetz zur Bekämpfung der organisierten Kriminalität, aufgrund einer Beschwerde unter Federführung von Burkhard Hirsch, für verfassungswidrig.
– Zwei Jahre später wurde das Luftsicherheitsgesetz, das den Abschuss eines gekaperten Passagierflugzeuges ermöglichen sollte, im zentralen Punkt der Tötung unschuldiger Menschen für nichtig erklärt.
– 2007 gehörte Gerhart Baum zu den Beschwerdeführern gegen das Vorratsdatenspeicherungsgesetz, der das Bundesverfassungsgericht im März 2008 durch eine einstweilige Anordnung in Teilen stattgab.
– Im Februar 2008 hat das Gericht die heimliche Online-Durchsuchung, wie sie im nordrhein-westfälischen Verfassungsschutzgesetz vorgesehen war, für verfassungswidrig erklärt. Sie ist nur unter strengsten Voraussetzungen gestattet. Zugleich schufen die Richter mit ihrem Urteil ein neues »Grundrecht

auf Gewährleistung der Vertraulichkeit und Integrität infor-
mationstechnischer Systeme« – eine Art juristische »Firewall«
für die Festplatte, die damit fester Bestandteil des Kernbereichs
privater Lebensführung ist, mithin tabu für staatliche Neugier.
Dieses neue Grundrecht gilt auch für Datenverarbeitung im
privaten Bereich.

— *Anfang 2009 reichte Gerhart Baum gemeinsam mit Beschwer-*
deführern aus der Anwaltschaft, der Ärzteschaft und dem
Journalismus, anwaltlich vertreten durch seinen Neffen und
Verfasser der Beschwerde, dem Anwalt Peter Schantz, und
Burkhard Hirsch Verfassungsbeschwerde gegen das BKA-Ge-
setz ein. Dessen heftig umstrittene Novelle war im November
2008 vom Bundestag beschlossen worden und ist am 1. Januar
2009 in Kraft getreten. Das Gesetz berücksichtigt das »On-
line-Urteil« nur unzureichend und enthält andere verfas-
sungswidrige Teile.

**Kritiker könnten einwenden, hier betrieben ein paar streit-
lustige Juristen Selbstverwirklichung in Karlsruhe. Was
treibt Sie dazu, mithilfe des höchsten deutschen Gerichts für
die Einhaltung des Grundgesetzes zu kämpfen?**

Spätestens seit dem 11. September 2001 stellt sich der deutschen Innenpolitik eine zentrale Frage, nämlich: Ist unsere
Rechtsordnung den Herausforderungen des Terrorismus
noch gewachsen? Anders formuliert, und das ist ganz wesentlich mein Antrieb: Ist angesichts der als notwendig erach-
teten und beschlossenen Maßnahmen der Bundesregierung
die Menschenwürde, auf der ja unsere Verfassungsordnung
als sittlichem Prinzip ruht, auch weiterhin garantiert?

Seit Jahrzehnten erleben wir eine ständige innenpolitische Aufrüstung auf Kosten unserer Freiheitsrechte. Das
begann in der RAF-Zeit und setzt sich in den 90er-Jahren
mit den Maßnahmen zur Bekämpfung der organisierten
Kriminalität fort. Insbesondere seit den Anschlägen von

New York operiert die Politik, allen voran Innenminister Schäuble, mit zugespitzten Terrorismusszenarien – und löst damit erhebliche Unsicherheit und Ängste aus. Die Angst vor dem Terrorismus kann schlimmere Folgen haben als der Terrorismus selbst. So erleben wir neben sinnvollen Vorschlägen leider auch die Maßlosigkeit einer neuen »Sicherheitsarchitektur«, die den Kampf gegen Terrorismus als Krieg in einem Ausnahmezustand begreift. Die Grenzen des bewährten Polizei- und Strafprozessrechtes bis hin zum Einsatz der Bundeswehr im Inneren als »Ersatzpolizei« sollen dabei überschritten werden. Polizeiliche Sicherheitslogik gewinnt an Boden.

Diese Entwicklung ist für mich eine Herausforderung, weil Freiheitsrechte abgebaut werden – in einem schleichenden Prozess. Und ohne Not.

Man könnte argumentieren, nie dagewesene Bedrohungen erzwingen besondere Schutzvorkehrungen.

Das ist richtig. Ich habe keinen Einwand dagegen, dass der Staat sich auf neue Bedrohungen einstellt. Aber: Der Rechtsstaat beweist seine Autorität gerade darin, dass er auch Terroristen als Kriminelle behandelt. Auch Rechtsbrecher stehen in Deutschland unter dem Schutz der Menschenwürde, mithin unter dem Schutz der Verfassung.

Deren Grundsätze zu wahren ist Aufgabe des Bundesverfassungsgerichts. Mit seinen Entscheidungen hat das Gericht seit Gründung der Bundesrepublik die Entwicklung unserer Demokratie entscheidend mitgeprägt. Es hat das Grundgesetz zum Sprechen gebracht.

Aber auch die Rolle des Bundesgerichtshofs ist zu beachten. Er ist dem Bundesinnenminister und der Generalbundesanwältin wiederholt in die Parade gefahren. So hat sich der 3. Strafsenat in einem Verfahren gegen Terroristen von dem Gedanken leiten lassen: »Für staatliche Gerichte kann der Kampf gegen den Terrorismus nicht einen ungeregelten Krieg bedeuten.«

Ist diese Aufgabe des Bundesverfassungsgerichts den Menschen im Lande bewusst? Oder sind die Richter mit den roten Roben zu weit entfernt vom Alltagsempfinden der Bürgerinnen und Bürger?

Das Bundesverfassungsgericht ist, so sagen es Umfragen, ein beliebtes Verfassungsorgan in Deutschland. Und es ist einzigartig: Andere westliche Demokratien haben keine vergleichbare Einrichtung, an die sich einzelne Bürgerinnen und Bürger unter bestimmten Bedingungen wenden können. Jeder, der sich durch die öffentliche Gewalt in seinen Grundrechten verletzt fühlt, kann Verfassungsbeschwerde erheben – gegen die Maßnahme einer Behörde, gegen das Urteil eines Gerichts oder gegen ein Gesetz.

Die Nähe des höchsten deutschen Gerichts zum Bürger illustriert ein Blick in die hauseigene Statistik: In der Zeit von 1951 bis 2005 gingen beim Bundesverfassungsgericht knapp 160 000 Anträge ein, gut 150 000 davon waren Verfassungsbeschwerden. Sie wurden ganz überwiegend nicht zum Entscheid angenommen, weil die Voraussetzungen nicht erfüllt waren. Rund 4000 Verfassungsbeschwerden, das sind etwa 2,5 Prozent, waren erfolgreich.

Trotz dieser auf den ersten Blick geringen Zahl ist die Verfassungsbeschwerde ein bedeutender Rechtsbehelf. Wird ihr stattgegeben, kann sie Wirkungen haben, die weit über den Einzelfall hinausgehen. Das haben wir ja auch mit unseren Beschwerden erlebt: Die Entscheidungen haben Signalwirkung.

Pathetisch formuliert sind die Karlsruher Richter also die Gralshüter des Grundgesetzes?

Man muss sich darüber im Klaren sein, dass unser Grundgesetz vergleichsweise abstrakt ist. Erst die Entscheidungen des Bundesverfassungsgerichts haben die 146 Artikel mit Kraft und Leben gefüllt, mit Blick auf den Alltag der Bürgerinnen und Bürger gestärkt und konkretisiert. Der Journalist Heribert Prantl liegt ganz richtig mit seiner Einschätzung anlässlich des 60. Geburtstags unserer Verfassung, erst die Karlsruher Richter hätten das Grundgesetz »zu dem gemacht, was es ist: die wahrscheinlich wirkmächtigste Verfassung der Welt, ein Vademecum für die Staatsbürger, ein Werk mit Rechten und Garantien, auf das man sich gern beruft«. Karlsruhe, schreibt Prantl weiter, habe dafür gesorgt, »dass der Satz von der Unantastbarkeit der Menschenwürde im Artikel 1 kein bloßes Sprüchlein blieb«.

Der Vertrag von Lissabon und die mit ihm verbundene Verfassungsdiskussion legt einen Blick nach Europa nahe. Sehen Sie den strikten Grundrechtsschutz, den das Bundesverfassungsgericht bisher praktizierte, durch den Vertrag gefährdet?

Es geht nicht nur um den Vertrag von Lissabon; er ist nur eine, wenn auch wichtige Etappe im weiteren Prozess der europäischen Integration. Ich hätte nichts gegen eine Fortentwicklung der europäischen Gemeinschaft in Richtung auf einen föderativen Bundesstaat hin. Europa befindet sich auf diesem Weg. Für die weitere Realisierung fehlen allerdings wesentliche Elemente, vor allem Transparenz, das tägliche Plebiszit einer europäischen Zivilgesellschaft und eine grenzüberschreitende öffentliche Meinung. Die Integration muss zu einem lebendigen Prozess werden, in dem sich auch die Grundrechte behaupten.

Aus meiner Sicht stellen sich etliche Fragen. Etwa die, ob der Grundrechtsschutz künftig ganz oder teilweise zum Europäischen Gerichtshof übergehen wird. Wird dieser sich als

Verteidiger der Grundrechte verstehen? Wird unser Bundesverfassungsgericht, das in seinen Befugnissen innerhalb Europas eine besondere Rolle einnimmt, dann noch in der Lage sein, unsere Grundrechte zu verteidigen? Wird der absolute Schutz der Menschenwürde aufgeweicht? Wie wird sich der Lissabon-Vertrag auf das Spannungsverhältnis zwischen Freiheit und Sicherheit auswirken, wenn Entscheidungen zur inneren Sicherheit und zur Strafverfolgung künftig auch auf europäischer Ebene getroffen werden?

Hat das Grundsatzurteil aus Karlsruhe vom 30. Juni 2009 zum Vertrag von Lissabon nicht für Klarheit gesorgt?

Das Urteil ist janusköpfig. Einerseits stärkt es die Rolle von Bundestag und Bundesrat und auch des Bundesverfassungsgerichts, so dass meine Sorge, der Kerngehalt unserer Grundrechte könne geschwächt werden, nun geringer ist. Andererseits ist das Urteil sehr stark auf den Nationalstaat fixiert und steht damit in Distanz zur Realität des europäischen Einigungsprozesses. In diesem Lichte gewinnt die aufrüttelnde Kritik des überzeugten Europäers Jürgen Habermas an der bisherigen Form der Integration in seinem Vortrag »Ach, Europa« von 2008 neue dringliche Aktualität.

Zurück nach Deutschland: Hier hat es bei Gesetzen zur inneren Sicherheit, speziell zur Bekämpfung von Terrorismus und organisierter Kriminalität auch immer wieder erst Karlsruher Korrekturen geben müssen.

Inzwischen sind es 14 Entscheidungen, mit denen das Gericht Sicherheitsmaßnahmen korrigiert hat. Von besonderer Bedeutung sind ohne Zweifel die fünf Entscheidungen von März 2004 bis September 2008. Mit diesen Urteilen weisen die Verfassungsrichter den Gesetzgeber unübersehbar in seine Schranken – weil die Instrumente und Methoden, die er sich zur Bekämpfung von organisierter Kriminalität und Terrorismus, also vorgeblich für mehr Sicherheit, überlegt und in gesetzliche Grundlage gegossen hat, die Grundrechte verletzen.

Es ging dabei um den »Großen Lauschangriff«, um die präventive Telekommunikationsüberwachung, um den Abschuss von Flugzeugen bei Flugzeugentführungen, um die präventive polizeiliche Rasterfahndung und um die Online-Durchsuchung.

Angesichts der Fülle und auch der Erfolge Ihrer Beschwerden vor dem Bundesverfassungsgericht möchte man Ihnen zuweilen fast eine Freude unterstellen, der Bundesregierung ihre Sorglosigkeit beim Umgang mit dem Grundgesetz vorzuführen ...

Auf solche Freuden könnte ich gut verzichten. Viel wichtiger wäre mir, wenn verfassungskonforme Gesetze gemacht würden, mit mehr Weitblick und vor allem mehr juristischem Sachverstand. Bei der Beschwerde gegen die BKA-Novelle fühle ich mich allein deshalb schon zur Klage verpflichtet, weil wir mit früheren Klagen die Vorgaben des Verfassungsgerichts zum Schutz des privaten Kernbereichs und zum Schutz von Computer-Festplatten erst erstritten haben. Jetzt will ich dafür sorgen, dass diese Vorgaben auch eingehalten werden.

Wenig respektvoll klingt die Bezeichnung »Karlsruhe-Tourist«, die Ihnen der Vorsitzende der Gewerkschaft der Polizei angehängt hat und die 2008 sogar in die engere Wahl zum »Unwort des Jahres« gekommen ist.

Ein Sieg in diesem Ranking des Dummdeutschen wäre viel-leicht sogar eine gute Sache gewesen, weil die Aufgaben des Bundesverfassungsgerichts über diesen Umweg stärker in die allgemeine Aufmerksamkeit gerückt wären. Ich staune stets von Neuem über die Gleichgültigkeit vieler Menschen, wenn es um fundamentale Prinzipien unserer Demokratie geht. Inzwischen macht es mich regelrecht zornig, wenn ich erleben muss, dass die Grundrechte unserer Verfassung immer noch kaum im Bewusstsein der Menschen angekommen sind.

Wie beurteilt das Bundesverfassungsgericht in seinen Ent-scheidungen das sensible Gleichgewicht von Sicherheit und Freiheit?

Der für diese Urteile zuständige Verfassungsrichter Wolf-gang Hoffmann-Riem hat in einem Interview die Entschei-dungen des Gerichts folgendermaßen kommentiert: »Seit dem Jahre 2003 sind konzeptionell alle [Entscheidungen] aus einem Guss. Nach dem 11. September 2001 war mir völlig klar, wenn man angesichts solcher neuer Bedrohungsszena-rien die Qualität des Rechtsstaates nicht aufgeben will, dann muss man die Prämissen des Rechtsstaats an diese neuarti-gen Gefährdungen und Instrumente anpassen, ohne sie auf-zugeben. Das war die Philosophie dieser Rechtssprechung.« Und er fährt fort: »Jede dieser Entscheidungen hatte das gleiche rechtsstaatliche Anliegen einer verfassungsrechtlich angemessenen Balance von Freiheit und Sicherheit … Zu den rechtsstaatlichen Anforderungen gehören hinreichende Anhaltspunkte der Wirksamkeit: Ist das neue Mittel geeig-net und erforderlich und auch angemessen.«

Hoffmann-Riem gesteht also der Politik zu, dass sie auf neu-artige Bedrohungen reagieren muss.

Grundsätzlich ja – aber er fordert Augenmaß. Die neue Lage sieht er in einer mehr oder minder diffusen Gefahrensituation, sodass man schon im Vorfeld des Eintritts möglicher Gefahren tätig werden muss. »Damit aber«, so führt er aus, »entsteht das Risiko der Erosion von rechtsstaatlichen Standards. Diese erfordern, dass es tatsächlich fundierte Anhaltspunkte für die Gefährdung von hinreichend gewichtigen Rechtsgütern gibt.« Er sieht das Risiko, dass Unverdächtige beeinträchtigt werden und damit die Bevölkerung insgesamt eingeschüchtert wird. »Wir haben versucht, die Risiken neuer Instrumente für die Freiheit der Bürger zu begrenzen«, erklärt Wolfgang Hoffmann-Riem.

Nach Auffassung von Hoffmann-Riem muss stets aufs Neue gefragt werden, warum die bisherigen Instrumente nicht reichen, warum neue Instrumente unverzichtbar sind. Sein Richterkollege Udo di Fabio zeigte sich enervierter, als er der Politik vorhielt, es sei eine Krankheit, »ständig unser System infrage« zu stellen.

Die Frage, warum die bisherigen Instrumente nicht reichen, begleitete uns während der letzten Jahrzehnte in der gesamten Debatte um neue Sicherheitsgesetze. Ja, wir hatten es sogar mit Situationen zu tun, in denen eine Fahndung erfolgreich gewesen ist. Ich denke beispielsweise an die Festnahme der sogenannten Sauerland-Täter. Aber selbst solche Fahndungserfolge wurden vor allem als Bestätigung der Terrorszenarien gewertet und lösten gleich wieder den Ruf nach neuen Instrumenten aus – in diesem Fall die Einführung der Online-Durchsuchung.

Immer wieder fand ein Überbietungswettbewerb der Parteien statt, frei nach dem Motto »Wer ist der beste Sheriff im ganzen Land?«. Der sozialdemokratische Innenminister Otto Schily hat es eine Zeit lang sogar fertiggebracht, den schwarzen Sheriff Beckstein aus Bayern zu übertrumpfen, ohne dass die »Grünen« ihn daran gehindert hätten. Das Ergebnis waren die sogenannten Schily-Pakete.

Die gesetzesgläubigen Deutschen konzentrierten sich immer wieder auf die gesetzgeberischen Ermächtigungen, ohne hinreichend zu untersuchen, ob das vorhandene Instrumentarium ausreicht. Aufgeregte Debatten über einzelne Maßnahmen, beispielsweise über das Vermummungsverbot in den 80er-Jahren, das den notwendigen Entscheidungsspielraum der Polizei in solchen Situationen eingeschränkt hat, fanden sofort ein Ende, nachdem ein neues Gesetz verabschiedet worden war. Ob das Phänomen der vermummten Demonstranten dadurch wirksam bekämpft werden konnte, spielte keine Rolle. Dabei gab es auch nach Inkrafttreten des Gesetzes 1985 keinen erkennbaren Rückgang von Demonstrationen vermummter Gewalttäter.

Also eine Fülle neuer Sicherheitsgesetze ohne mehr Sicherheit, aber mit deutlicher Einschränkung von Freiheiten?

Nicht wenige Gesetze hatten vor allem den Charakter von Symbolhandlungen, die den Anschein erwecken sollten, als sei wirklich etwas erreicht. Wirklich effiziente Maßnahmen, nämlich eine hinreichende Ausstattung der Sicherheitskräfte mit Personal- und Sachmitteln, traten dabei in den Hintergrund. Mehr Stellen und mehr Geld für die Polizei beispielsweise sind in den Haushalten von Bund und Ländern auch sehr viel schwieriger umzusetzen als solche Symbolgesetze.

Das Verfassungsgericht hat sich in den mündlichen Verhandlungen zu den genannten Gesetzen große Mühe gegeben, die Entscheidungsgrundlagen zu erarbeiten. Da ging es vor allem um die Frage, ob das fragliche Gesetzesvorhaben überhaupt einen Sicherheitsgewinn garantiere. Vielfach sind die zuständigen staatlichen Behörden eine schlüssige Antwort schuldig geblieben, so zum Beispiel bei der »Online-Durchsuchung«. Auch die nach dem 11. September 2001 praktizierte Rasterfahndung brachte keinen Sicherheitsgewinn. Sogenannte »Schläfer« wurden nicht aufgespürt. Man kam lediglich einigen Drogendealern auf die Spur. Das Gesetz ging eben nicht von einer konkreten Gefahrenlage aus. Man hat vielmehr die allgemeine Bedrohungslage dazu genutzt, Unbeteiligte zu stigmatisieren. Das war verfassungswidrig.

Zum anderen wurde in den Anhörungen erörtert, ob der erzielte Sicherheitsgewinn in einem angemessenen Verhältnis zu den damit verbundenen Freiheitsverlusten steht. Die Anhörungen des Gerichts waren aus meiner Sicht sehr viel gründlicher als die Beratung im Bundestag und seinen Ausschüssen. Mit anderen Worten: Hier hat das Gericht die Arbeit gemacht, die schon viel früher in den politischen Gremien hätte erfolgen müssen. Eine Feststellung, die nur mit viel Fatalismus zu ertragen ist.

Kritiker werfen dem Gericht vor, noch zu viele polizeiliche Ermittlungsmaßnahmen für zulässig zu halten.

Auch ich hätte mir manchmal noch klarere Worte gewünscht. Doch nicht alle Ermittlungsmaßnahmen sind für sich angreifbar – es sei denn, sie sprengen den verfassungsrechtlichen Rahmen. Im Übrigen: Auch was gerade noch zulässig ist, kann und sollte im Einzelfall abgelehnt werden. So lehne ich zum Beispiel die Online-Durchsuchung generell ab, während das Gericht sie unter bestimmten Bedingungen für zulässig hält.

Vor diesem Hintergrund sind die Entscheidungen des Bundesverfassungsgerichts nicht nur Korrekturen der Berliner Politik, sondern auch regelrechte Ohrfeigen für die verant-

wortlichen Politiker. Stoff genug also für ein Fernduell zwischen Berlin und Karlsruhe?

Das Verfassungsgericht weiß, dass es von seinen Kompetenzen nur zurückhaltend Gebrauch machen darf. In den Fällen, wie sie hier zur Debatte stehen, gibt es keinen Zweifel. Hier erproben die Parlamente in geradezu zynischer Weise die Belastbarkeit des Grundgesetzes.

Gleichwohl hat das Gericht den Widerspruch Wolfgang Schäubles auf sich gezogen. Zum Luftsicherheitsgesetz beispielsweise hat er erklärt: »Ich verstehe, dass manche Verfassungsrichter gerne Ratschläge geben würden. Dazu sind sie aber nicht demokratisch legitimiert.« Ganz ungewöhnlich ist, dass der Bundesinnenminister, der stets betont, dass die Herausforderung durch den Terrorismus nur gemeinsam von allen Staatsgewalten bewältigt werden kann, drei fundamentale Urteile des Bundesverfassungsgerichts massiv kritisiert. Angeblich verhindern sie, dass er seinem Sicherheitsversprechen gegenüber der Bevölkerung, was immer das auch sei, nachkommen kann. Eine sehr kühne Behauptung.

Für problematisch hält er auch die im Urteil gegen den Großen Lauschangriff vom Gericht geforderten Schutzvorkehrungen für den »Kernbereich privater Lebensgestaltung« in der Wohnung. Weiterhin kritisiert als »rechtspolitisch schwer tragbar und grundrechtsdogmatisch diskussionswürdig« hat Schäuble auch das vom Gericht ausgesprochene Verbot der Rasterfahndung ohne konkreten Tatverdacht, ja, selbst das ethisch fundierte Verbot, unschuldige Menschen in entführten Passagierflugzeugen zu töten. Er möchte dies durch Einführung eines sogenannten Verteidigungsnotstandes im Rahmen des Kriegsrechts ermöglichen.

Schäuble behauptet, keines der in seiner Verantwortung entstandenen Gesetze sei früher beanstandet worden. Das stimmt formal, ist aber eine Irreführung, denn zurzeit stehen Gesetze seiner unmittelbaren Verantwortung auf dem

Prüfstand: das BKA-Gesetz und die Vorratsdatenspeicherung.

Hat er nicht auch andere Entscheidungen, etwa zur Luftsicherheit, Rasterfahndung und Lauschangriff, heftig kritisiert? Und erst im Januar 2009 ausgerechnet in Karlsruhe die Verfassungsrichter zu mehr »richterlicher Selbstbeschränkung« ermahnt?

Ja – und diese Debatte hat es in sich. Es ist wohl keine Übertreibung, von einer Krise zwischen Verfassungsorganen – zumindest zwischen dem für die Verfassung zuständigen Minister Schäuble und dem Bundesverfassungsgericht – zu sprechen. Druck auf das Gericht kommt aus dem konservativen Lager. Die Richter werden unter anderem als »Verfassungsautisten« und »Rechtsoligarchen« kritisiert.

Die Eskalation ist offenkundig. Erst kürzlich hielt der Innenminister dem Gericht in einem Interview vor: »Wer Gesetze gestalten will, sollte sich bemühen, Mitglied des Deutschen Bundestages zu werden.« Dessen Präsident Hans-Jürgen Papier erwiderte, ebenfalls medienöffentlich: »Wer das Prüfrecht des Verfassungsgerichts infrage stellt, kann dies gleich abschaffen.«

Der Ton von Schäuble wird immer gereizter – das erlebe ich leider auch ganz persönlich. So entgegnete Schäuble nach der Veröffentlichung meiner Beschwerde gegen das BKA-Gesetz in einem Interview auf die Bemerkung des Moderators, »der ehemalige FDP-Innenminister Gerhart-Rudolf Baum spricht von einer ›sicherheitspolitischen Aufrüstung ohne Ende‹ und zieht nach Karlsruhe«, Folgendes: »Das kann er ja. Dafür haben wir ja das Verfassungsgericht, dass man dort klagen kann. Der Herr Baum redet viel dummes Zeug, und es ist nicht das erste Mal.«

Solche öffentliche Beleidigung belegt, wie getroffen er sich fühlt. Vor einiger Zeit schrieb Peter Müller in der »Welt am

Sonntag«: »Das Problem mit Schäubles Ideen aber ist, dass der Minister unstreitig Sinnvolles mit Maßlosem vermengt, dass er die Verfassung schützen will und gleichzeitig ihre Grenzen gnadenlos auslotet. Dass er markig Vorstöße macht, aber im Detail unkonkret bleibt. Schäuble will das Land sicherer machen. Wenn er aber so über die Stränge schlägt, schadet er dem Vorhaben mehr, als dass er ihm nutzt.«

Wenig erstaunlich also, dass inzwischen auch die Karlsruher Richter kein Blatt mehr vor den Mund nehmen, sondern sich öffentlich mit der Problematik auseinandersetzen.

Es ist schon sehr außergewöhnlich, dass die Verfassungsrichter sich so intensiv in Reden und Interviews äußern. Sie tun das hartnäckig und mit Nachdruck. Das zeigt den Ernst der Lage. Ich möchte dazu einige Beispiele nennen:

Der Präsident des Bundesverfassungsgerichts, Hans-Jürgen Papier, hat zum Thema »Balance zwischen Sicherheit und Freiheit im Terrorismus« wiederholt öffentlich Stellung bezogen. Er hat die strikte Einhaltung der Urteile angemahnt. Sie sollten, wie auch sein Kollege Hoffmann-Riem bemerkt, nicht nur dem Wortlaut, sondern auch dem Geiste nach vom Gesetzgeber befolgt werden, der mitunter eben verhaltenen Widerstand oder sogar Obstruktion betreibt.

Papier unterließ in einem Vortrag in Berlin nicht einmal den Hinweis, dass die Entscheidungen des Gerichts für die Verfassungsorgane des Bundes und der Länder sowie für alle Gerichte und Behörden bindend sind. Er verteidigte nachdrücklich die Luftsicherheitsentscheidung des Gerichts. Er machte deutlich, dass jede vom Gesetzgeber versuchte Umgehung der Entscheidung in Karlsruhe wieder scheitern werde. Im Feindstrafrecht, also einem Strafrecht, das bestimmten Gruppen von Menschen die Bürgerrechte versagt, sieht Papier eine Kapitulation des Rechtsstaats. Und die Rechtsprechung des Gerichts zum Schutz der unbeobachteten Intimität verteidigt der Gerichtspräsident auch außerhalb des Gerichtssaals mit den Worten: »In einem Staat, der keinen Rückzugsbereich der Privatheit übrig lasse, will ich nicht leben.«

Sein Kollege, der Bundesverfassungsrichter Udo di Fabio, mahnt ebenfalls in einer Berliner Rede, eine Gesellschaft solle sich nicht hysterisch »in eine Not-Wendezeit« hineinreden, in der jedes Mittel recht sei, um zu überleben. Winfried Hassemer, bis vor Kurzem Vorsitzender des zweiten Senats am Karlsruher Gericht, beklagt, »dass man sich den Staat nicht mehr durch anständiges Verhalten vom Leibe halten kann«. Die Richterin Christine Hohmann-Dennhardt stellt die provozierende Frage, »ob der Mensch nur mehr als Summe seiner Daten interessiert oder weiter als Persönlichkeit mit Anspruch auf Privatheit begriffen wird«.

Zu der Kritik, dass es wohlgefällig sei, die Sicherheit der Freiheit unterzuordnen, solange wir in unserem Land von terroristischen Anschlägen größeren Ausmaßes verschont blieben, sagt sie: »Solche Vorhaltungen sind schwerer Tobak, denn in ihnen steckt der Vorwurf, das Gericht halte, blauäugig gegenüber der Gefahrenlage, die Freiheitsfahne hoch und unterbinde damit den Einsatz möglicher, tauglicher und notwendiger Mittel, die das Risiko von terroristischen Anschlägen vermindern helfen würden. Dem ist zu erwidern, dass auch das Bundesverfassungsgericht sich der Gefahren bewusst ist, die seitens des Terrorismus drohen, dass es andererseits aber auch die Gefahren zu sehen hat, die der Freiheit der Menschen drohen, wenn sie aus dem Weg geräumt wird, um der Sicherheit Vorfahrt zu geben. Gleiche Augenhöhe mit dem Terrorismus darf nicht bedeuten, sich wie dieser über Grundrechte und Rechtsstaatlichkeit hinwegzusetzen.«

Dem ist an dieser Stelle erst einmal nichts hinzuzufügen.

Das scheint die Mehrheit der Bürger ebenso zu sehen: Sie schweigt nämlich weitgehend zur Rolle des Bundesverfassungsgerichts und seiner Verteidigung der Grundrechte.

Das ist schon sehr erstaunlich – zumal in unserer Gesellschaft in schnell wechselnden Erregungszuständen alle möglichen Themen höchst unterschiedlicher Bedeutung behandelt werden. Man muss leider beklagen, dass eine breite politische Öffentlichkeit durch eine Unterhaltungs-Öffentlichkeit verdrängt worden ist, die den Blick auf die wichtigen Fragen blockiert. Deutschland sucht nicht mehr die bestmögliche aller politischen Ordnungen, sondern nur noch den Superstar.

Wo bleibt das Echo der maßgeblichen Meinungsträger unserer Gesellschaft auf die unüberhörbaren Signale der Karlsruher Richter? Auch diejenigen, die sich immer in kritischen Situationen zur Verteidigung der Freiheit zu Wort gemeldet haben, schweigen. Ein aufrüttelnder öffentlicher Diskurs ist bisher ausgeblieben. Bedauerlicherweise.

Besser als der Berliner Journalist Christian Bommarius es in seinem vor Kurzem erschienenen, sehr empfehlenswerten Buch »Das Grundgesetz. Eine Biographie« beschreibt, kann man es wohl nicht sagen: »Seit Jahren werden das Grundgesetz und sein verbindlicher Interpret und oberster Hüter, das Bundesverfassungsgericht, vom Gesetzgeber wie eine feindliche Bastion belagert. Die Kanonaden von Sicherheitsgesetzen, mit denen er sie beschießt, folgen in immer kürzeren Intervallen, die Breschen, die er ihnen in den vergangenen Jahren geschlagen hat, werden immer größer.

Die Belagerer haben Geduld. Die Zeit ist ihr treuester Verbündeter. Fällt die Bastion nicht in diesem, dann im nächsten Jahr, kapituliert sie nicht heute, dann morgen nach einem Terroranschlag hier oder dort. Hilfe von außen hat die Bastion kaum zu erwarten. Die Ausrufung des Belagerungszustands, die die Verteidigung erleichtern und die

Aussichten der Eingeschlossenen spürbar verbessern würde, scheitert bisher am deutschen Souverän, den Bürgern. Groß ist zwar nach 60 Jahren die Liebe der Deutschen zum Grundgesetz, aber offenbar nicht groß genug, ihm und seinem Hüter in schwerster Bedrängnis zu Hilfe zu eilen. Aber zumindest ein wenig mehr Verständnis könnten beide von ihnen erwarten.«

4

Der bespitzelte Bürger
Die Datendebatte

Klaus Traube, lange Jahre Manager in der amerikanischen und deutschen Atomindustrie, wurde 1975/76 Opfer eines sogenannten Lauschangriffs durch das Bundesamt für Verfassungsschutz. Der Vorwurf, Traube habe angeblich Kontakte zu RAF-Terroristen, erwies sich als haltlos. Später wandelte sich Traube zum Gegner der friedlichen Atomenergienutzung und wurde ein angesehener Umweltforscher. 2004 äußerte er sich in einem Interview zu jener Abhöraffäre, der darauffolgenden Regierungskrise und dem gewaltigen Medienecho: »Gäbe es heute wieder so einen Aufschrei? Wäre das so eine Sensation, dass man jemanden zu Hause abhört? Ich fürchte, das gilt heute schon eher als normal. Aber ich bin nicht bitter. Das Land hat sich eher zum Guten entwickelt … Es gibt heute doch eine gewisse lockere Lebensart hier.«

Die »lockere Lebensart«, die der ehemalige Atommanager Klaus Traube im Interview diagnostiziert, mag ein »Laisser-faire« im Umgang mit modernen Informationstechnologien meinen, sowohl was ihre Einsatz- und Ermittlungsmöglichkeiten betrifft, als auch was ihre Beurteilung durch die Bürgerinnen und Bürger angeht. Man nimmt halt heute vieles hin. Somit umfasst die »lockere Lebensart« ein entscheidendes, ein unheilvolles Quäntchen mehr – nämlich auch eine gefährliche Gleichgültigkeit und Stumpfheit gegenüber möglichen und tatsächlichen Grundrechtsgefährdungen.

Das Ziel aller Maßnahmen, die im Folgenden zur Debatte stehen, ist die Bekämpfung von Kriminalität. Die meisten Bürger sehen sich dadurch nicht betroffen. Dagegen gibt es zwei Argumente: Erstens kann jeder, auch unschuldig, in einen Verdacht geraten – etwa durch den Aufenthalt in einer überwachten Wohnung. Zweitens steht auch der Rechtsbrecher unter dem Schutz der Rechtsordnung. Wenn diese Schaden nimmt, hat das Wirkung auf die gesamte Gesellschaft. Einen Beleg erleben wir aktuell mit der Bespitzelung von Arbeitnehmern in großen Firmen: Sie ist Folge eines durch staatliches Handeln, zum Beispiel durch die Rasterfahndung, beeinflussten Bewusstseins. Allein der Verdacht gegen Einzelne rechtfertigt aber noch nicht die wahllose Überwachung vieler Unverdächtiger, Unschuldiger.

Der »Große Lauschangriff« – ein Rückblick

Die Rechtsprechung des Bundesverfassungsgerichts hat vor allen Dingen seit 2004 eine Reihe von einschneidenden Maßnahmen des Bundes- und der Landesgesetzgeber in erheblichem Umfang für verfassungswidrig erklärt. Die Leitgedanken dieser Entscheidungen betreffen die unzureichende Normenbestimmtheit und Normenklarheit, die Nicht-Einhaltung des Grundsatzes der Verhältnismäßigkeit, den mangelnden Schutz des »Kernbereichs privater Lebensgestaltung« und ganz generell die Verletzung des Grundrechts auf Menschenwürde und Lebensschutz.

Das Urteil zum »Großen Lauschangriff« aus dem Jahr 2004 hat dabei für uns, die wir unter Federführung von Burkhard Hirsch Beschwerde eingelegt hatten, eine besondere Bedeutung. Die Zeit der ersten Hälfte der 90er-Jahre war dadurch gekennzeichnet, dass die FDP sich zur Wirtschaftspartei verengte. Die von uns vertretene Politik der Bürgerrechte wurde eher als Störfaktor empfunden. Sie sollte im Profil der FDP keine herausragende Rolle mehr spielen. Die Mehrheit der Parteimitglieder verzichtete auf diese im Kern unverzichtbare Komponente eines ganzheitlichen Liberalismus.

In dieser Situation wurde die affirmative Diskussion zum »Großen Lauschangriff« auch zu einem innerparteilichen Machtinstrument, vor allem gegen die couragierte FDP-Bundesjustizministerin Sabine Leutheusser-Schnarrenberger. Es wurde ein Mitgliederentscheid auf den Weg gebracht, der erwartungsgemäß mit unserer Niederlage endete. Sabine Leutheusser-Schnarrenberger trat zurück, weil sie diese Entscheidung nicht mittragen konnte. Nachdrücklich bestätigt in seiner Begründetheit, in seiner Legitimität und in seiner Integrität wurde ihr Ministerrücktritt dann durch die Entscheidung des Verfassungsgerichts im Jahre 2004. Nachdem wir in Karlsruhe in entscheidenden Punkten gewonnen hatten, hüllte sich die FDP-Führung in Schweigen; allerdings tritt sie seit 2005 konsequent dafür ein, den Großen Lauschangriff als Ermittlungsinstrument wieder abzuschaffen. Politisch verloren hatten 2004 auch CDU und CSU, und auch die SPD, darunter der SPD-Abgeordnete Otto Schily, der die Verfassungsänderung mit betrieben hatte.

In den innerparteilichen Auseinandersetzungen in der FDP ging es um die künftige politische Ausrichtung, um ihren Standort im Parteiensystem. Wichtige Führungspersonen der Partei, darunter Hans-Dietrich Genscher, Otto Graf Lambsdorff, Günter Rexroth und Klaus Kinkel, standen in dieser Debatte auf unserer Seite. Noch an dem Tag, als die Ergebnisse des FDP-Mitgliederentscheids bekannt gegeben wurden – 43 Prozent der Mitglieder hatten sich beteiligt, etwa 60 Prozent davon sprachen sich für den Lauschangriff aus –, erklärte Sabine Leutheusser-Schnarrenberger ihren Rücktritt. Burkhard Hirsch legte kurz darauf sein Amt als innenpolitischer Sprecher in der Fraktion nieder. Ich war zu jener Zeit schon nicht mehr Mitglied des Deutschen Bundestages.

Die »Wanze in der Wohnung«

Eine Bemerkung zur Bezeichnung »Lauschangriff«, als die das Abhörvorhaben der Bundesregierung in die Umgangssprache eingeflossen ist: Der Begriff des »Lauschangriffs« ist spätestens seit der illegalen Abhöraktion gegen den Atomphysiker Dr. Traube im Jahre 1976 eingeführt. Befürworter der Maßnahme bestehen auf der Verwendung des Begriffs »akustische Wohnraumüberwachung«. Der Begriff des »Lauschens« ist viel zutreffender. Er enthält den Moment des Heimlichen, womöglich Verbotenen. Die Aggression des Vorgangs steckt im zweiten Teil des Wortes. Denn um einen Angriff handelt es sich ganz unbestritten – einen Angriff auf die Privatsphäre mit technisch hochgerüsteten Waffen. Sehr viel treffender ist deshalb Burkhard Hirschs Sprachbild von der »Wanze in der Wohnung«. Wer will schon Ungeziefer in den eigenen vier Wänden dulden?

Die monatelange heftige Debatte über den Lauschangriff ähnelt vergleichbaren Auseinandersetzungen: Wie später beispielsweise die »Online-Durchsuchung« wird das umstrittene Instrument zum Allheilmittel gegen Kriminalität verklärt und von anderen Instrumenten in der Diskussion vollkommen isoliert. Die Notwendigkeit der Maßnahme wird dabei weder geprüft noch in Abrede gestellt. Verfassungsrichter Wolfgang Hoffmann-Riem bemerkt mit Blick auf die Diskussionen zur »Online-Durchsuchung« und zum »Großen Lauschangriff«: »Beide wurden als Wunderwaffe angepriesen, wenn aber nach Nachweisen ihrer Unverzichtbarkeit gefragt wird, kommt entweder fast gar nichts, oder es folgen Beschwörungsformeln.« Burkhard Hirsch sagte in seinem Plädoyer vor dem Bundesverfassungsgericht: »Man kann auch nicht etwa sagen, dass wir uns in einer Art Notwehrsituation gegenüber den Gefahren der organisierten Kriminalität befinden. Wir wollen sie nicht verharmlosen. Aber zur Wirksamkeit des ›Großen Lauschangriffs‹ hat die Bundesregierung nach ihren eigenen Erklärungen bisher kein repräsentatives Material, auch vier Jahre nach seiner Einführung nicht.«

Inhaltlich plante die Bundesregierung mit ihrem Gesetzesvorhaben Folgendes: Beim Vorliegen bestimmter Tatsachen, die einen Verdacht begründen – nicht etwa nur bei Vorliegen besonders schwerer Straftaten –, sollten nicht nur O-Töne des Beschuldigten, sondern alle Gespräche in einer Wohnung aufgezeichnet werden können. Dabei muss es sich nicht um die eigene Wohnung des Beschuldigten handeln; es genügt die Annahme, dass sich der Beschuldigte in der betreffenden Wohnung aufhält. Die Tonaufnahme erfasst also möglicherweise auch die Gespräche mit Personen des höchstpersönlichen Vertrauens, also engsten Verwandten, der Mutter, der Ehefrau. Dem Zugriff ausgesetzt sind – unter bestimmten Voraussetzungen – daneben auch die Gespräche mit sogenannten zeugnisverweigerungsberechtigten Personen, also dem Arzt, dem Strafverteidiger, dem Priester.

In seinem Urteil im Jahre 2004 folgte das Gericht zwar nicht unserer Meinung, dass bereits die mit dem Gesetz verbundene Änderung des Artikels 13 GG (Unverletzlichkeit der Wohnung) gegen die Verfassung verstoßen habe; die Richter kamen aber zu dem Schluss, das Gesetz selbst verletze in weiten Teilen die Grundrechte.

Unserer Meinung zu Artikel 13 folgten die beiden Richterinnen des aus acht Personen bestehenden ersten Senats in einem Minderheitenvotum. Sie erklärten: »Inzwischen scheint man sich an den Gedanken gewöhnt zu haben, dass mit den mittlerweile entwickelten technischen Möglichkeiten auch deren grenzenloser Einsatz hinzunehmen ist. Wenn aber selbst die persönliche Intimsphäre, manifestiert in den eigenen vier Wänden, kein Tabu mehr ist, vor dem das Sicherheitsbedürfnis haltzumachen hat, stellt sich auch verfassungsrechtlich die Frage, ob das Menschenbild, das eine solche Vorgehensweise erzeugt, auch einer freiheitlich-rechtsstaatlichen Demokratie entspricht. Umso mehr ist Artikel 79 Abs. 3 GG streng und unnachgiebig auszulegen.«

Eine bemerkenswerte Meinung.

Die beiden Richterinnen können sich durch die weitere Entwicklung der Sicherheitsgesetzgebung, zum Beispiel durch das Bundeskriminalamtsgesetz, nur bestätigt finden. Ihre Warnung bekommt immer wieder eine neue Aktualität. Ich erinnere auch an das vorerst gescheiterte Vorhaben, die Bundeswehr als Ersatzpolizei zur Terrorismusbekämpfung einzusetzen.

Aus den Leitsätzen des Urteils möchte ich Folgendes zitieren: »Zur Unantastbarkeit der Menschenwürde ... gehört die Anerkennung eines absolut geschützten Kernbereichs privater Lebensgestaltung. In diesen Bereich darf die akustische Überwachung von Wohnraum zu Zwecken der Strafverfolgung nicht eingreifen.« Hier findet also nicht einmal eine Abwägung nach dem Verhältnismäßigkeitsgrundsatz statt.

Eine weitere Passage lautet: »Führt die auf eine solche Ermächtigung gestützte akustische Wohnraumüberwachung gleichwohl zur Erhebung von Informationen aus dem absolut geschützten Kernbereich privater Lebensgestaltung, muss sie abgebrochen werden, und Aufzeichnungen müssen gelöscht werden; jede Verwertung solcher Informationen ist ausgeschlossen.« Es geht also nicht nur um ein Verwendungsverbot, sondern schon um ein sehr weitreichendes Erhebungsverbot. Das Gericht bemerkt an anderer Stelle: »Zur Entfaltung der Persönlichkeit im Kernbereich privater Lebensgestaltung gehört die Möglichkeit, innere Vorgänge wie Empfindung und Gefühle sowie Überlegungen, Ansichten und Erlebnisse höchstpersönlicher Art zum Ausdruck zu bringen, und zwar ohne Angst, dass staatliche Stellen dies überwachen. Vom Schutz umfasst sind auch Gefühlsäußerungen des unbewussten Erlebens und die Ausdrucksform der Sexualität. Die Möglichkeit entsprechender Entfaltung setzt voraus, dass der Einzelne über einen dafür geeigneten Freiraum verfügt.«

Das Gericht setzt sich auch mit möglichen Gegenargumenten auseinander, nämlich dass die Strafrechtspflege als Gemeinwohlinteresse manchem wohl gewichtiger erscheint als die Wahrung der menschlichen Würde – und dieses gerade auch in Situationen besonders gravierender Kriminalität. Dennoch

beharrt das Gericht auf dem absoluten Vorrang des Menschenwürdeschutzes.

Das Urteil des Bundesverfassungsgerichts zum »Großen
Lauschangriff« kommentierte Heribert Prantl wie folgt: »Karlsruhe domestiziert den Lauschangriff. Es reduziert ihn auf die
Fälle schwerer und schwerster Kriminalität. Es stellt hohe Anforderungen an seine Anordnung und an seinen Vollzug. Es
schließt eine Überwachung ins Blaue hinein aus. Es untersagt
Wanzen strikt, wenn sie lediglich in der Hoffnung auf Erkenntnis installiert werden. Das Gericht spricht von ›ultima ratio‹,
und es meint dies auch so: Die Wanze in einer Wohnung ist
das letzte, das allerletzte Mittel der Strafverfolgung.« Es geht
also um die Verfolgung einer begangenen Straftat. Nicht jede
akustische Überwachung verletzt die Menschenwürde. Sie ist
unter anderem unter bestimmten Voraussetzungen zur Abwehr einer dringenden Gefahr für ein hochwertiges Rechtsgut
zugelassen.

Die Online-Durchsuchung –
und die Geburt eines neuen Grundrechts

»Der Erste Senat des Bundesverfassungsgerichts hat mit Urteil vom 27. Februar 2008 die Vorschriften zur Online-Durchsuchung sowie zur Aufklärung des Internet für verfassungswidrig und nichtig erklärt.«

Mit diesem Satz leitete das Bundesverfassungsgericht seine
Pressemitteilung vom selben Tage ein. Es handelte sich um die
Vorschriften des Verfassungsschutzgesetzes von Nordrhein-
Westfalen, gegen das ich zusammen mit Rechtsanwalt Peter
Schantz und meinem Sozius Dr. Julius Reiter Beschwerde
eingelegt hatte; Peter Schantz hatte die Beschwerde ausgearbeitet. In meinem Plädoyer in der mündlichen Verhandlung
vom 10. Oktober 2007 habe ich die Beschwerde unter anderem
wie folgt begründet:

»Der Computer hat sich im Laufe der letzten Jahre zum Inbegriff der Privatheit entwickelt. Mit einem einzigen Zugriff kann eine sehr hohe Zahl von Daten gewonnen werden, die ein komplettes Persönlichkeitsprofil ergeben können. In diesem Zusammenhang ist zurzeit oft vom ›ausgelagerten Gehirn‹ oder vom ›Blick in die Seele eines Menschen‹ die Rede. Es handelt sich also um einen Grundrechtseingriff von erheblicher Intensität, um einen Eingriff mit einer neuen Qualität – und das in ganz anderer Weise als bei der akustischen Wohnraumüberwachung.«

Ich habe weiter darauf hingewiesen, dass das Bundesverfassungsgericht in seiner Rechtsprechung seit dem Volkszählungsurteil immer wieder vor dem Abschreckungs- und Einschüchterungseffekt staatlicher Maßnahmen gewarnt hatte, der den Bürger zu einer Selbstbeschränkung seiner Freiheit veranlasst, und zum verschüchterten Absehen grundrechtlich geschützter Verhaltensweisen. Wenn dies in immer größerem Umfang geschieht, leidet der freiheitliche Charakter der Gesellschaft.

Ich habe nicht bestritten, dass die Sicherheitsbehörden auch Zugang zu neuen Kommunikationsmitteln erhalten müssen, also zum Beispiel zur Telekommunikation, die über das Internet geführt wird. Dies ist bereits nach geltendem Recht möglich. Ich habe erklärt, dass der Hinweis auf die geringe Zahl der beabsichtigten Maßnahmen unsere Bedenken nicht zu entkräften vermag. Die neuen Eingriffsmöglichkeiten – einmal eingeführt – werden wie die Telefonüberwachung einer Dynamik zur Erweiterung ausgesetzt sein. Die Kosten werden angesichts der rasanten Fortentwicklung der Informationstechnologie sinken. Es wäre also verfehlt, so habe ich ausgeführt, hier auf »Grundrechtsschutz durch technische Schwierigkeiten« zu setzen. Ich habe unseren Zweifel zum Ausdruck gebracht, ob die Online-Durchsuchung überhaupt eine geeignete und praktikable Maßnahme ist, und erklärt, dass wir sie ablehnen.

Das Gericht reagierte mit einem wegweisenden Urteil, mit der Geburt eines neuen Grundrechts, was beinahe eine juristische und gesellschaftspolitische Sensation ist. Das Bundesverfassungsgericht hat zum zweiten Mal nach dem Grundrecht auf »informationelle Selbstbestimmung« (im Rahmen des Volkszählungsurteils) ein neues Grundrecht erschaffen, mit dem komplizierten Namen: »Grundrecht auf Gewährleistung der Vertraulichkeit und Integrität informationstechnischer Systeme«.

Dieses neue Grundrecht ist die Antwort des Bundesverfassungsgerichts auf die neuen informationstechnischen Möglichkeiten: Es schützt die Gesamtheit von Dateien und Informationen, wie sie beispielsweise im PC, aber auch auf anderen informationstechnischen Systemen wie Handys oder Laptops gespeichert sind. Diese Informationen waren bis dahin weder durch das Fernmeldegeheimnis noch durch die Unverletzlichkeit der Wohnung, noch durch das Recht auf informationelle Selbstbestimmung hinreichend gesichert.

Das Gericht hat diese Schutzlücke geschlossen. Es ist endgültig im Informationszeitalter angekommen – und hat auch die Verfassung einem, um im Jargon dieser neuen Zeit zu bleiben, dringend nötigen »Update« unterzogen. Darauf seien einmal mehr all jene Skeptiker verwiesen, die immer mal wieder mit gerunzelter Stirn fragen, ob denn das Grundgesetz eigentlich noch zeitgemäß sei. Ja, das ist es – und es bleibt auch weiterhin lebendig, wenn wir dafür sorgen.

**Der Schutz privater Daten in Handy,
    MP-3-Player oder GPS**

Grundsätzlich muss man unterscheiden zwischen der Kontrolle des Internets und der Kommunikation über das Internet einerseits sowie dem staatlichen Zugriff auf sämtliche auf einem Computer gespeicherten Daten andererseits. In unserem privaten Alltagsleben sind inzwischen eine ganze Reihe von Geräten selbstverständlich, die auf dem Prinzip der Datenspeicherung basieren: Das beginnt bei so simplen und prak tischen Dingen wie der digitalen Kamera, mit der wir unsere schönsten Momente und Erinnerungen konservieren oder mit wenigen Handgriffen auf der Tastatur unseres Computers via Internet in die virtuellen Fotoalben von Oma, Tante und Enkelkind kleben können. Und das geht weiter mit Handys, Laptops oder den besonders bei der jungen Generation so beliebten MP-3-Playern, die ja nicht nur Musik, sondern auch Fotos und Videos speichern können. Sie alle sind inzwischen, ebenso wie die Festplatte des Computers, Ausdruck der individuellen Persönlichkeit und gehören zur Privatsphäre des jeweiligen »Users«.

Solche informationstechnischen Systeme schützt das neue, im Rahmen des Online-Urteils geschaffene Grundrecht »auf Gewährleistung der Vertraulichkeit und Integrität informationstechnischer Systeme«. Deren Faszination und technische Möglichkeiten sind noch lange nicht am Ende: Sie werden immer weiter ausgebaut und vernetzt – und enthalten immer mehr personenbezogene Daten.

Ein solches informationstechnisches System ist – das ist vielen Verbrauchern gar nicht bewusst – auch das sogenannte »intelligente Fahrzeug«. Im Kraftfahrzeug vollzieht sich ein vermehrter Einsatz von Informations- und Kommunikationstechniken, die zur Informationsübertragung genutzt werden und Auskunft über die Art der Nutzung des Fahrzeugs geben können. Für die meisten Neuwagen-Besitzer sind Bord-Computer ganz selbstverständliche Co-Piloten, jederzeit bereit zum beflissenen Check der gefahrenen Kilometer, Geschwindigkeiten, Wartungsintervalle oder zur Nutzung des integrierten Autotelefons – und zwar nicht nur für den Fahrzeugführer, sondern im Zweifelsfall auch für die Ermittlungsbehörden. Gleiches gilt auch für Navigationssysteme, die mit der beigefügten Software per Computer und Internet bei Bedarf auf den neuesten Datenstand gebracht werden können. Früher entschied ein Fahrer aktiv, mittels Fahrtenschreiber oder Fahrtenbuch den Verlauf seiner automobilen Bewegung zu dokumentieren. Heute laufen solche Protokolle automatisch mit.

Gewissermaßen stillschweigend, bis sie jemand – wer auch immer – zum Sprechen bringt. Wer dabei welchen Schritt verfolgt, entzieht sich durch die Vielfalt der Vernetzung solcher Daten unserer individuellen Kontrolle.

Wolfgang Hoffmann-Riem weist auf Folgendes hin: »Wenn – wie zu erwarten ist – in Zukunft vermehrt über das Internet bereitgestellte Anwendungen mit der Software auf dem genutzten Rechner zusammenwachsen, werden deren Verbreitung und Vielfältigkeit und damit auch die Unüberschaubarkeit für den Nutzer weiter zunehmen. Kontrollverlust ist unvermeidbar.«

In der sehr gründlichen und ausführlichen mündlichen Verhandlung des Bundesverfassungsgerichtes zur Online-Durchsuchung sind eine Reihe von Computerexperten gehört worden. Sie haben auf das Risiko der praktisch kaum erkennbaren Verfälschung einzelner Daten hingewiesen, das mit der Möglichkeit der Infiltration des Systems verbunden sein kann. Es besteht auch die Gefahr, dass Dritte sich die durch staatliche Behörden erfolgte Infiltration zunutze machen könnten. Die Infiltration selbst ist mit großen Schwierigkeiten der Identifizierung des Zielanschlusses verbunden. Um diese Schwierigkeiten zu umgehen, haben die Sicherheitsbehörden vorgeschlagen, das heimliche Eindringen in Wohnungen zu ermöglichen, um direkten Zugang zum Computer zu erhalten. Geschieht das nicht, muss sich der Staat durch Nutzung eines »Trojaners« technischer Methoden bedienen, die Privatpersonen verboten sind. Er muss möglicherweise Schutzlücken der Systeme auf dem schwarzen Markt erwerben. Und da wird wieder die Absurdität solcher Ermittlungsvorhaben offenbar: Der Staat muss sich erst krimineller Methoden bedienen, um möglicherweise Kriminellen auf die Spur zu kommen.

Die Täter wiederum können sich der Infiltration erwehren und auf andere Kommunikationsmöglichkeiten ausweichen. So genügt es nach Auskunft von Experten, Betriebssysteme zu wählen, die von einer CD-Rom gestartet werden. Solche schreibgeschützten Datenträger lassen alle Versuche dauerhafter Infiltration ins Leere laufen. Es hat sich also gezeigt, dass der Grundrechtsschutz sehr eng mit den Möglichkeiten und Gefahren der Kommunikationstechnik verbunden ist.

Was bedeutet nun das neue Grundrecht? Die Erhebung kernbereichsrelevanter, also eindeutig privater Daten muss grundsätzlich unterbleiben. Nur dann, wenn sich die Kernbereichsrelevanz der erhobenen Daten vor oder bei der Datenerhebung nicht klären lässt, gleichwohl aber Anhaltspunkte für die vorauszusetzende Gefährdung eines überragend wichtigen Schutzgutes bestehen, darf der Schutz auf die zweite Stufe, nämlich die Auswertung, verschoben werden. Dabei müssen aber geeignete Verfahrensvorschriften sicherstellen, dass Kernbereichsverletzungen und ihre Auswirkung auch für die Persönlichkeit und Entfaltung des Betroffenen so gering wie möglich bleiben.

Vorrangig ist aber der Schutz durch Nichterhebung. Das Gericht hat klar zum Ausdruck gebracht, dass die Datenerhebung zu unterlassen ist, wenn es Anhaltspunkte gibt, dass der Kernbereich berührt wird. Das Problem, das sich bei der Durchsuchung und auch bei der Überwachung des Betriebs eines Computers stellt, ist, dass man die Daten, auf die die staatliche Maßnahme zielt, von den anderen kernbereichsrelevanten Daten nicht trennen kann. Es geht – um es noch einmal klar zu sagen – nicht nur um die Durchsuchung, sondern auch um die Überwachung bei laufendem Betrieb. Nach dem neuen BKA-Gesetz möchten die Ermittler die potenziellen Täter auf frischer Tat ertappen, also quasi mit einer versteckten Live-Cam die Nutzung der Festplatte für illegale Zwecke eins zu eins mitverfolgen.

Das Bundesverfassungsgericht hat zum Ausdruck gebracht, dass das neue Grundrecht nicht schrankenlos ist. Eingriffe können sowohl zu präventiven Zwecken als auch zur Strafverfolgung gerechtfertigt sein, aber in den verfassungsgemäßen Grenzen. Der heimliche Zugriff ist ein Grundrechtseingriff von besonderer Schwere und Intensität. Nur wenn eine im Einzelfall drohende Gefahr für ein überragend wichtiges Rechtsgut gegeben ist, soll ein Eingriff möglich sein. Für Situationen, in denen eine existenzielle Bedrohungslage nicht besteht, ist diese Maßnahme nicht angemessen. Klartext für Nichtjuristen: Dann muss sich der Staat auf andere Ermittlungsmethoden beschränken.

Wir, die Beschwerdeführer gegen die Online-Durchsuchung, sind der Meinung, dass selbst dann, wenn der Staat innerhalb der verfassungsrechtlichen Grenzen bleibt, dieser Grundrechtseingriff politisch nicht akzeptabel ist. Der Bundesgesetzgeber hat sich mit der Verabschiedung des Bundeskriminalamtsgesetzes, das ab 1. Januar 2009 in Kraft getreten ist, zum Teil an diesem Urteil orientiert. Er hat aber in wichtigen Punkten die verfassungsgerichtlichen Vorgaben nicht beachtet, sodass wir uns wegen dieser und anderer Verfassungsverletzungen veranlasst gesehen haben, erneut Verfassungsbeschwerde einzulegen. Am 23. April haben wir gegen einzelne Vorschriften dieses Gesetzes Verfassungsbeschwerde in Karlsruhe eingereicht. Und schon wird die Spirale durch konservative Kräfte weitergedreht: In höchst bedenklicher Weise soll die Online-Durchsuchung auch dem Verfassungsschutz erlaubt werden, der in seiner Tätigkeit einen viel größeren Spielraum hat als die Polizei.

Das BKA-Gesetz – und seine Freiheitseinschränkungen

Bundesinnenminister Schäuble und die Bundestagsmehrheit hatten zugesichert, die Entscheidung des Bundesverfassungsgerichts zur Online-Durchsuchung zu respektieren. Das ist in einer ganzen Reihe von wichtigen Punkten nicht geschehen.

In der Anhörung vor dem Bundestagsinnenausschuss zum BKA-Gesetz im Herbst 2008 gestand der Sachverständige und Staatssekretär a. D. Dr. Hansjörg Geiger dem Gesetzgeber zwar das Bemühen zu, Vorgaben des Bundesverfassungsgerichts zu berücksichtigen: »Das geht so weit, dass ein Satz aus der Urteilsbegründung unmittelbar wörtlich in den Gesetzestext einfließt.« Er kritisierte aber, das geschehe »erkennbar in einer formalen Weise, die auf die einzelnen Maßnahmen und die Befugnisse bezogen bleibt, jedoch die Gesamtheit der Befugnisse aus den Augen verliert und somit auch nicht geeignet ist, die besondere Eingriffsintensität zu berücksichtigen … So stehen Regelungen, wie Bausteine gefügt, teils beziehungslos nebeneinander … und zeigen, dass die hier maßgeblichen Entscheidungen des Bundesverfassungsgerichts nicht in ihrer Gesamtheit bedacht und gewürdigt worden sind.«

Ein anderer Sachverständiger, Professor Dr. Christoph Möllers, warnte davor, den verfassungsrechtlichen Rahmen bloß auszufüllen. Er beklagte, dass die politische Gestaltung zu kurz komme: »Sie erscheint angesichts der Tatsache, dass das Verfassungsrecht nur letzte Grenzen ziehen soll, im Zweifelsfall relativ einseitig an Sicherheitsinteressen orientiert.«

Auch wenn sich viele der Eingriffsbefugnisse – keineswegs alle – schon in den Polizeigesetzen der Länder finden, so ist doch deren Summe in einer zentralen Großbehörde von besonderer, die Freiheit einschränkender Qualität.

Damit keine Missverständnisse entstehen: Wir brauchen ein gut ausgestattetes Bundeskriminalamt als unverzichtbares Instrument länderübergreifender Kriminalitätsbekämpfung in internationaler Zusammenarbeit. Seine grundlegende Modernisierung begann unter der Regie des damaligen Bundesinnenministers Hans-Dietrich Genscher in den 70er-Jahren. Sie wurde seitdem fortgesetzt. Selbstverständlich muss das Amt auch neuen Bedrohungen wirkungsvoll begegnen können.

Dennoch haben meine Mitstreiter und ich gegen das neue BKA-Gesetz Verfassungsbeschwerde erhoben – nicht gegen das BKA, dessen Arbeit ich als Minister in hohem Maße schätzen gelernt habe, sondern gegen die neuen Befugnisse und ihre Ausgestaltung. Ich möchte unsere Kritik im Einzelnen darlegen.

Das neue Gesetz, das die Zusammenarbeit des Bundes und der Länder in kriminalpolizeilichen Angelegenheiten neu regelt, greift in gravierender Weise in die deutsche Sicherheitsarchitektur ein. Das Bundeskriminalamt wird zu einem deutschen FBI, mit weitreichenden und eingriffsintensiven heimlichen Ermittlungsmethoden, zunehmend im Vorfeld konkreter Gefahren. Diese Regelung ist geprägt von der Missachtung der bisherigen Aufgabenteilung zwischen Bund und Ländern – und sie macht den Weg frei für eine Bundeszentralbehörde für die Terrorismusbekämpfung. Sie setzt damit ganz konsequent eine Entwicklung fort, die sich schon in der informellen Zusammenarbeit der Länder und des Bundes im gemeinsamen Terrorabwehrzentrum und der Antiterrordatei gezeigt hat.

Die notwendige Klärung der Rollen von Polizei und Nachrichtendiensten unterbleibt. Die schleichende Aufweichung des Trennungsgebotes beider Bereiche hingegen erhält Fahrt. In der Sicherheitsarchitektur Deutschlands bekommt das Bundeskriminalamt mit der Bündelung zusätzlicher Befugnisse eine Sonderstellung, ohne dass die Aufgabenverteilung zwischen Bund und Ländern hinreichend geklärt ist. Derart ungeklärte Zuständigkeiten bergen zum Beispiel ganz unmittelbar die Gefahr der Paralleltätigkeit.

Der zentrale Begriff des Gesetzes, nämlich der »internationale Terrorismus« ist nicht klar definiert. Damit wird der Anwendungsbereich uferlos. Denn ein internationaler Bezug wird schon dann angenommen, wenn eine in Deutschland tätige Gruppe in international verbreitete ideologische Strömungen eingebunden ist. Auf diese Weise kann das BKA in jedem beliebigen Fall eine Zuständigkeit herbeiführen.

Durch die Zuständigkeit bei der Gefahrenabwehr entzieht sich das BKA auch der Kontrolle durch die Generalbundesanwaltschaft, also eines Elements verwaltungsinterner Kontrolle. Der Bundesinnenminister wird quasi zum »obersten Kriegsherrn«.

Mit den zahlreichen neuen Kompetenzen entsteht die Gefahr einer sogenannten Rundumüberwachung. Zu den Kompetenzen gehören nicht nur die Online-Durchsuchung und -Überwachung, sondern auch Lauschangriff und der Spähangriff in Wohnungen, die heimlich und auf Dauer angelegte Observation durch verdeckte Ermittler sowie die weitgehende Erfassung von Kontaktpersonen, auch wenn sie keine Beziehung zur Zielperson haben. Als Eingriffsschwelle genügt schon die Gefährdung einer »Sache von bedeutendem Wert, deren Erhaltung im öffentlichen Interesse geboten erscheint« – eine Definition, die derart schwammig ist, dass sie die Ermittler nur unzureichend einschränkt.

Für außerordentlich bedenklich halten wir weiterhin, in welch hohem Maß das neue BKA-Gesetz unbeteiligte Personen in polizeiliche Maßnahmen einbezieht. Zum Kreis derjenigen, deren personenbezogene Daten erhoben werden dürfen, zählen auch die sogenannten Kontakt- und Begleitpersonen, die selbst keine Gefahr herbeiführen. Sie werden zum primären Ziel staatlicher Eingriffe – die Eingriffsschwelle sinkt deutlich.

Von besonderem Gewicht ist dabei die Missachtung des verfassungsrechtlich gebotenen Schutzes des Kernbereichs privater Lebensgestaltung, die sich durch den ganzen Gesetzentwurf zieht. Der Kernbereich ist unter anderem deshalb nicht hinreichend geschützt, weil verdeckten und heimlichen Ermittlungsmaßnahmen beim Lausch- und Spähangriff in der Wohnung nicht die notwendigen Grenzen gesetzt sind. Durch die Kombination von akustischer und optischer Überwachung wird der Einzelne mehr und mehr zum Objekt staatlicher Ausforschung. Alle Bewegungen und Lebensäußerungen in einer Privatwohnung können nahezu lückenlos registriert werden.

Das gleiche Bedenken richtet sich gegen die lang dauernde Observation, also gegen die Beobachtung durch Sicherheitskräfte. Bei tage- und wochenlanger Beobachtung werden sicher auch kernbereichsrelevante Situationen erfasst. Auch die nun gesetzlich vorgesehene Regelung zur Überwachung sogenannter Quellenkommunikation, also aller Telefonate, die aus dem Computer heraus durchgeführt werden, ist problematisch. Denn wie will man dabei ausschließen, dass von dieser Maßnahme auch Daten betroffen werden, die nicht oder noch nicht Kommunikationsvorgänge sind? An dieser Stelle erheben wir die gleichen Bedenken wie gegen die Online-Durchsuchung generell.

Alles in allem: Die Regelungen zum Schutz des Kernbereichs in der BKA-Gesetzesnovelle sind in mehrfacher Hinsicht nicht mit der Rechtsprechung des Verfassungsgerichts vereinbar und verstoßen gegen Art. 1 Abs. 1 des Grundgesetzes, also gegen das Prinzip der Menschenwürde. Das Gesetz sieht vor, dass ein Online-Angriff lediglich dann unzulässig sein soll, wenn durch ihn »allein« Erkenntnisse aus dem Kernbereich erfasst werden würden. Damit werden die Anforderungen des Gerichts ins Gegenteil verkehrt, ja, ad absurdum geführt. Denn eine solche Situation wird man so gut wie nie annehmen können.

Schon die Voraussetzungen für die Erhebung der Daten sind angreifbar. Umso mehr gilt das auch für deren Auswertung. Das Verfassungsgericht hat ausdrücklich vorgesehen, dass die Auswertung zwingend durch eine unabhängige Stelle geschehen muss. Nunmehr erfolgt die Auswertung durch den Datenschutzbeauftragten des BKA sowie durch zwei Beamte des Bundeskriminalamts unter »Sachleitung« des anordnenden Gerichts. Diese Regelung ist absolut unzureichend. Im Konfliktfall ist nur »die Sachleitung« eines Richters vorgesehen, aber nicht seine Entscheidung. BKA-Beamte sind nicht unabhängig. Sie dürfen an der Prüfung gar nicht beteiligt werden.

Der Zugriff auf das Berufsgeheimnis

Gegen das Rechtsstaatsprinzip verstößt auch die Regelung zu den sogenannten Berufsgeheimnisträgern. Ärzte, Psychologen, Rechtsanwälte und Journalisten genießen nicht den gleichen Schutz wie andere Berufsgeheimnisträger, also wie Strafverteidiger, Abgeordnete und Seelsorger einer staatlich anerkannten Religionsgemeinschaft. Im letztgenannten Fall kann man diese Unterscheidung nicht nachvollziehen. Das Vertrauensverhältnis zu einem Seelsorger hängt ja nicht davon ab, ob dieser einer staatlich anerkannten Religionsgemeinschaft angehört. Das Gesetz ist insoweit von einem allgemeinen Misstrauen gegen Muslime geprägt. Die Skepsis gegenüber Anwälten entspringt seit der RAF-Zeit dem Vorurteil, Anwälte seien in nicht wenigen Fällen Komplizen der Täter. Es ist auch ganz und gar unmöglich, die Aufgaben der Strafverteidigung von anderen Elementen der Rechtsberatung zu trennen. Gespräche mit Ärzten können zum Kernbereich gehören. Bei Psychotherapeuten ist das ganz offensichtlich, da es ohne Offenheit keine Diagnose und keine Therapie geben kann.

Neben all den genannten birgt das BKA-Gesetz noch andere erhebliche Defizite: Die Möglichkeiten der Verwendung und Übermittlung von Daten sind sehr weitgehend. Bemerkenswert ist, dass der Gesetzentwurf, dessen Ziel die Bekämpfung des internationalen Terrorismus ist, keine Regelung zur informationellen Zusammenarbeit mit ausländischen Behörden enthält. Auch die Regelung über die Benachrichtigung von Betroffenen nach Abschluss der Maßnahmen ist unvollkommen.

Darüber hinaus fehlt ein sicherheitspolitisches Gesamtkonzept, das auch die gewollte Trennung der Organisation und der Befugnisse von Behörden einbezieht. Diese Trennung zwischen Nachrichtendiensten und Polizei sowie eine deutlich differenzierbare Aufgabenverteilung zwischen Bund und Ländern haben auch eine Freiheit sichernde Funktion: Nicht jede Behörde darf nach Belieben auf vermeintlich verdächtige Personen zugreifen können. Stattdessen ist das Gesetz ganz auf vermeintliche Effizienz fixiert, die durch informationelle Vernetzung und Zentralisierung auf Kosten der Freiheitssicherung erzielt werden soll.

Rechtsanwalt Peter Schantz hat die Beschwerde wie schon im Fall der Online-Durchsuchung ausgearbeitet, Burkhard Hirsch und ich haben beratend mitgearbeitet. Beschwerdeführer sind neben mir und meiner Kanzlei Repräsentanten der betroffenen Berufsgruppen: Dr. Michael Naumann (Die Zeit) und Christoph Maria Fröhder (Netzwerk Recherche) für die

Journalisten, Rechtsanwalt Ulrich Schellenberg, Präsident des Anwaltvereins Berlins, für die Anwaltschaft, Dr. Jörg-Dietrich Hoppe, Präsident der Bundesärztekammer, für die Ärzteschaft und Jürgen Hardt für die Psychotherapeuten.

»Diese Verfassungsbeschwerde«, schrieb Ende April 2009 Michael Naumann in der »Zeit«, »ist keineswegs, wie Wolfgang Schäuble bei anderer Gelegenheit meinte, die Folge eines ›Erregungszustands, wie wir ihn gelegentlich in unserer Öffentlichkeit wahrnehmen‹, sondern der Versuch, einen Kern der unantastbaren Menschenwürde, nämlich Privatheit in Freiheit, vor staatlich überbordendem Zugriff zu schützen.«

»Ich habe ja nichts   5
   zu verbergen«
Die Preisgabe des Privaten

Ein Beispiel aus dem Alltag des ehemaligen Bundesinnenministers:
Im Terminkalender 2009 steht eine Preview, also die Vorbesichtigung
eines Kinofilms, mit exklusiv geladener Prominenz in Essen. Gerhart
Baum und seine Frau haben ihre Teilnahme schriftlich zugesagt.
Einige Tage später meldet sich telefonisch die Veranstaltungsagen-
tur und bittet darum, die Angabe des Geburtsortes von Frau Baum
nachzutragen. »Was hat der Geburtsort meiner Frau mit einer Film-
premiere zu tun?«, fragt erstaunt der Politiker nach – und erfährt:
Da auch der Bundespräsident seine Teilnahme angekündigt habe,
müssten nun im Vorfeld der Veranstaltung die Personendaten aller
Teilnehmer erfasst werden, »für alle Fälle, falls was passiert«.

Diese kleine Begebenheit aus Ihrem eigenen Alltag führt
ganz unmittelbar zu der Frage: Was ist das Private? Und wo
beginnt es?

Massiv ins Bewusstsein der Gesellschaft getreten ist der Begriff des Privaten durch die heftige Auseinandersetzung um
die Volkszählung im Jahre 1983. Im Frühling jenes Jahres
sollten Beamte und Angehörige der öffentlichen Verwaltung
durch eine Tür-zur-Tür-Befragung eine sogenannte Totaler-
hebung durchführen. Dazu gehörten Daten wie Namen,
Anschrift, die Art des Lebensunterhaltes, der Beruf. Diese

Datenabfrage löste eine ungeheure Empörung in Teilen der Bevölkerung aus, die man heute kaum noch verstehen kann, zumal die Daten anonym bleiben sollten.

Die sehr aufgeregte, manchmal geradezu hysterische Stimmung führte zu einer Reihe von Verfassungsbeschwerden und schließlich im Dezember 1983 zu einem wegweisenden Urteil des Bundesverfassungsgerichts. Darin wurde das »informationelle Selbstbestimmungsrecht« als von der Verfassung geschütztes Gut begründet. Das Bundesverfassungsgericht sah eine Gefährdung der freiheitlichen Grundordnung für gegeben an, die durch eine vom Betroffenen unbeherrschte Datensammlung unter den Bedingungen moderner Informationstechnik entstehen könnte.

Was sehr juristisch klingt, bedeutet nichts anderes als: Wer nicht weiß oder beeinflussen kann, welche Informationen bezüglich seines Verhaltens gespeichert und vorrätig gehalten werden, passt aus Vorsicht sein Verhalten an, und das beeinträchtigt nicht nur die individuelle Handlungsfreiheit. Auch das Gemeinwohl bedarf – so hat das Verfassungsgericht es zum Ausdruck gebracht – der selbstbestimmten Mitwirkung seiner Bürger. Diese Feststellung ist in späteren Urteilen etwa zum Lauschangriff oder zur Online-Durchsuchung immer wieder bekräftigt worden.

Mit dem Begriff der informationellen Selbstbestimmung hat also das Bundesverfassungsgericht eine höchstrichterliche Definition des Begriffs »Privatheit« geliefert.

Informationelle Selbstbestimmung bedeutet die Herrschaft des Betroffenen über alle seine Daten. Jede Verwendung und Einschränkung sollte nur auf gesetzlicher Grundlage zulässig sein. Informationelle Selbstbestimmung heißt also, dass jeder Mensch grundsätzlich selbst über die Preisgabe und Verwendung seiner persönlichen Daten zu bestimmen hat. Einschränkungen dieses Rechts sollten nur im überwiegenden

Allgemeininteresse möglich sein, also immer dort, wo der Einzelne Pflichten und Verantwortung im sozialen Zusammenhang zu tragen hat. Zum Beispiel in seiner Eigenschaft als Steuerzahler oder bei der Bekämpfung von Kriminalität.

In der Tat hat also das Bundesverfassungsgericht mit seinem Urteil zur informationellen Selbstbestimmung eine Art höchstrichterlichen Schutzzaun um die Privatsphäre der Bürgerinnen und Bürger gezogen. Und ihn, bleiben wir in diesem Bild, mit dem Hinweisschild »Zutritt verboten« versehen. Mit dieser Entscheidung wurden Teile des Volkszählungsgesetzes aufgehoben. Die Grundsätze des Urteils wurden in einer Novellierung des Bundesdatenschutzgesetzes von 1990 umgesetzt.

Die Begriffe Datenschutz und Datensammlung, mithin die Sensibilität für Daten, die man als privat versteht, sind demnach vergleichsweise jung. Brachte denn erst das Potenzial neuer Informationstechnologien den Staat auf die Idee, sich intensiv für die Privatsphäre seiner Bürger zu interessieren? Wie war das »Private« vor 1983 geschützt?

Es gab immer schon Bestimmungen zum Schutz der Privatsphäre, beispielsweise die Unverletzlichkeit der Wohnung, das Beichtgeheimnis, die ärztliche Schweigepflicht, das Steuergeheimnis und das Postgeheimnis. Überlegungen zu einem umfassenden Datenschutz waren erst die Folge der Entwicklung der Computertechnologie und der damit verbundenen Gefahren für die Privatsphäre. Anstöße zu einer gesetzlichen Regelung gingen von den USA aus. In Deutschland brachte Hessen 1970 als erstes Bundesland das Thema Datenschutz auf die politische Agenda; 1977 folgte das Bundesdatenschutzgesetz, das später häufig novelliert wurde. Ab 1972 war ich Parlamentarischer Staatssekretär im Bundesinnenministerium und habe dieses Gesetzgebungsvorhaben betreut.

Wie viele andere habe auch ich mich erst zu jener Zeit mit der Materie des Datenschutzes vertraut gemacht. Es handelte sich ja damals um gesetzgeberisches Neuland. Wir tasteten uns langsam nach vorne – zumal auch die Computertechnologie zu jener Zeit noch in ihren Anfängen stand. Sie war bestimmt durch zentrale Großcomputer, die langsam und teuer mit geringer Speicherkompetenz gearbeitet haben. Von der dann folgenden Revolution in der Entwicklung der Computertechnologie bis hin zu den vielen vernetzten Kleincomputern, die für uns heute selbstverständlich sind, hatten wir damals überhaupt keine Vorstellung. Unser Ziel beim Datenschutz war, den einzelnen Menschen zu schützen – sowohl gegen die ungehemmte Datenverarbeitung durch den Staat als auch vor Datenerhebungen privater Unternehmen.

Heute gehen Eingriffe in die Persönlichkeitsrechte der Bürger durch öffentliche und private Stellen weit über das Maß hinaus, das wir seinerzeit für möglich gehalten haben. Umso erstaunlicher ist, dass ein öffentlicher Protest, vergleichbar mit dem, den wir zur Zeit der Volkszählung erlebt haben, bisher ausgeblieben ist. Dabei wirkt die Volkszählung aus jetziger Sicht geradezu harmlos angesichts der zahlreichen Ermächtigungen zu Datenzugriffen, die heute angeblich im Interesse der inneren Sicherheit notwendig sind. Auch im privatwirtschaftlichen Bereich verstärkt sich die Tendenz zum gläsernen Kunden, also zu Datenprofilen der Verbraucher mithilfe von Kundenbindungssystemen, wie es die Pay-back-Karte ist, oder bei Käufen im Internet.

Man stelle sich einmal vor, im widerstandsfreudigen Jahr 1983 wäre es um die Einführung einer Steueridentifikationsnummer für alle Bürger gegangen, die einen Menschen das ganze Leben lang begleitet. Heute ist genau diese Situation Realität. Sie lässt sich nur dadurch verfassungsrechtlich gerade noch rechtfertigen, dass die Nummer ausschließlich zu Steuerzwecken verwendet werden soll. Aber wer weiß, welche Dynamik diese Identifizierungsmöglichkeit auslöst, wenn man sich einmal an sie gewöhnt hat. Ich bin sicher: In einem schleichenden Prozess wird sie auch für andere Zwecke verwendet werden.

Ganz generell muss man feststellen: Die Speicherungsgrenzen sind endgültig gefallen. Moderne Technologie schafft alle Voraussetzung für multifunktionale und systematische Vernetzung aller Datenbestände. Es gibt auch keine Trennung mehr zwischen öffentlichen und privaten Datenbanken. Wir alle hinterlassen Tag für Tag eine Unzahl von unverwischbaren Spuren im Datennetz, gegen deren Verwendung wir nur unvollkommen geschützt sind.

Das »Grundrecht auf informationelle Selbstbestimmung« nach dem Volkszählungsurteil ist nach den Worten des Bundesverfassungsrichters Wolfgang Hoffmann-Riem zur »Magna Charta« des Deutschen Datenschutzrechtes geworden. In welcher Beziehung steht es zum Grundgesetz?

Die Richter bezogen sich auf den Artikel 2 Abs. 1 (»Jeder hat das Recht auf die freie Entfaltung seiner Persönlichkeit«) und Artikel 1 Abs. 1 (»Die Würde des Menschen ist unantastbar. Sie zu achten und zu schützen ist Verpflichtung aller staatlichen Gewalt«). Das Bekenntnis zum Schutz der Menschenwürde ist die wichtigste Wertentscheidung des Grundgesetzes, sein tragendes Prinzip. Die Menschenwürde ist die Wurzel aller Grundrechte. Sie ist im Übrigen nicht nur den Deutschen garantiert, sondern allen Menschen im Geltungsbereich des Grundgesetzes. Und sie verpflichtet die Bundesrepublik, sich auch weltweit für die Durchsetzung der Grundrechte einzusetzen.

Die Verankerung eines ausdrücklichen Grundrechts auf Datenschutz, wie es Ende 2008 wieder vom Datenschutzbeauftragten der Bundesregierung, Peter Schaar, gefordert wurde, ist im Grundgesetz nicht erfolgt. Angesichts der deutlichen Rechtsprechung des Bundesverfassungsgerichts ist dies aus meiner Sicht auch nicht unbedingt nötig. Es würde auch die Gefahr neuer Auslegung mit sich bringen.

Das Grundrecht auf informationelle Selbstbestimmung hat inzwischen mit der Online-Entscheidung im Februar 2008 eine »jüngere Schwester« erhalten, das Grundrecht »auf Schutz der Vertraulichkeit und Integrität informationstechnischer Systeme«, also nicht der Schutz einzelner Daten, sondern ganzer Systeme. Damit hat das Verfassungsgericht den Grundrechtsschutz noch einmal verstärkt und ist mit seiner Rechtsprechung endgültig im Informationszeitalter angekommen.

Daneben hat der Schutz der Privatheit eine Verdichtung erfahren durch das im Laufe der Jahre immer deutlicher gewordene Bekenntnis des Bundesverfassungsgerichts zum Schutz des »Kernbereichs privater Lebensgestaltung«, der ebenfalls aus der Menschenwürdegarantie abgeleitet wird. Sehr deutlich ist der Kernbereichsschutz im Urteil des Gerichts zum sogenannten Lauschangriff vom März 2004 definiert, in dem das Gericht ausführt: »Die Privatwohnung ist das letzte Refugium des Menschen. Ein Mittel zur Wahrung der Menschenwürde. Dies verlangt zwar nicht einen absoluten Schutz der Räume der Privatwohnung, wohl aber absoluten Schutz des Verhaltens in diesen Räumen, soweit es sich als individuelle Entfaltung im Kernbereich privater Lebensgestaltung darstellt.«

Dazu zählt das Gericht beispielsweise die Äußerungen innerster Gefühle, Überlegungen, Ansichten und Erlebnisse höchstpersönlicher Art, Äußerungen des unbewussten Erlebens oder Ausdrucksformen der Sexualität. Zum Kernbereich zählt nach der richterlichen Definition auch, wenn sich jemand allein oder ausschließlich mit Personen in der Wohnung aufhält, zu denen er in einem besonderen Vertrauensverhältnis steht, etwa Familienangehörige und andere Vertrauenspersonen wie Priester oder Anwalt.

Sie haben den Begriff des Privaten aus heutiger juristischer Sicht als festen Bestandteil der Menschenwürde skizziert. Ist Privatheit daneben auch ein Gut, das sich zeitunabhängig begründen lässt? Oder ist das, was als privat gelten soll, überwiegend eine kulturelle Verabredung, die größeren Schwankungen unterliegen kann?

In früheren Zeiten, in denen der Mensch sehr stark eingebunden in die Familie und in kleine überschaubare Gemeinschaften lebte, hatte er offenbar kein starkes Bedürfnis nach Schutz. Es ist ja heute in einer Dorfgemeinschaft noch so, dass jeder von jedem vieles weiß. Anders ist dies in der Anonymität einer Großstadt.

Regime wie das der Nationalsozialisten und später auch der Kommunisten, die ihre Bürger kontrollieren wollten, haben Bespitzelungssysteme eingerichtet, um diese Anonymität aufzubrechen. Das ist bis heute die Praxis aller Diktaturen.

Man sollte meinen, dass gerade in unserem Land vor dem Hintergrund der Erfahrungen mit Gestapo und Stasi die Datenschutzsensibilität besonders hoch ausgeprägt sein müsste. Das aber ist eben nicht der Fall. Für viele Bürger zählt Sicherheit mehr als Freiheit. Für diese ist dann ein mächtiger Informationsstaat gerade richtig.

Auch wenn ich den Menschen nicht unterstelle, Sehnsucht nach Spitzelsystemen zu haben, so muss doch ein Wort von Sebastian Haffner in Erinnerung gerufen werden, der darauf hinweist, dass der Nationalsozialismus nicht zuletzt deshalb entstanden ist, weil »eine ganze Generation von Deutschen mit dem Geschenk eines freien privaten Lebens nichts anzufangen wusste«.

Auch Menschen, denen Privatheit noch wichtig ist, neigen oft dazu, sich durch Verzicht auf Anonymität und Vertraulichkeit in der Kommunikation fahrlässig selbst in Gefahr zu begeben. Hinzu kommt die spürbare Freude am wissenschaftlichen Fortschritt, der nicht immer nur Vorteile mit sich bringt. Ich nenne als Beispiele die Genomanalysen, mit denen sich die Gesundheitsversorgung verbessern lässt, mit denen sich aber auch neue Gefahren verbinden, die verdrängt werden. So muss die Verwendung von Genomanalysen, etwa im Verhältnis Arbeitnehmer-Arbeitgeber, verboten bleiben.

Warum ist nun das Private als Grundrecht unbedingt schützenswert? Warum brauchen wir Menschen diesen privaten Rückzugsraum? Lassen Sie uns mit dieser Frage die Privatsphäre ein wenig durch die soziologische und die philosophische Brille betrachten.

Privatheit ist ein menschliches Urbedürfnis, das selbst dann zu schützen wäre, wenn die große Mehrheit der Menschen darauf verzichten würde. Der Präsident des Bundesverfassungsgerichts, Hans-Jürgen Papier, hat das einmal so ausgedrückt: »In einem Staat, der keine Rückzugsbereiche der Privatheit übrig lasse«, wolle er nicht leben. Es geht schlicht um das Recht, allein gelassen zu werden, wenn man das will. Es geht im Übrigen auch um ein Recht auf Nichtwissen.

Ein Blick in die Rechtsgeschichte verdeutlicht, dass der Begriff der Privatsphäre, wie wir ihn heute kennen, eine vergleichsweise moderne Errungenschaft ist. »Dass es einen Raum gibt, der den Anforderungen der Gemeinschaft verschlossen bleibt, als eine unpolitische, staatsfreie Sphäre, dass überhaupt der Einzelne sich aus eigenem Recht und für sich ganz nach eigenen Zwecken entfalten kann: diese Vorstellung ist der Antike gänzlich fremd«, so beschreibt Uwe Volkmann, Professor für Rechtsphilosophie und Öffentliches Recht an der Universität Mainz, die historische Entwicklung des Begriffs Privatsphäre. Die Antike kenne »das Private« allein als Bereich für »die Unterwerfung unter die Zwänge der Bedürfnisbefriedigung und der Reproduktion«, berichtet Volkmann weiter. Hingegen sei das Öffentliche der

Bereich, »in dem der Einzelne zu seiner Identität als Bürger findet, also überhaupt seine Freiheit hat«. Das klingt wie das Gegenteil der Definition, die wir heute geben und leben.

Die Vorstellung von Privatheit als eine für andere nicht einsehbare und abgeschiedene Sphäre – also Privatheit im heutigen Verständnis – entwickelt sich laut Volkmann erst in der bürgerlichen Gesellschaft, »die das Heraustreten aus gemeinschaftlich-korporativen Bindungen«, wie sie im Mittelalter gültig waren, »zu ihrem Prinzip erhebt«.

Nun also betritt die individuelle Persönlichkeit die kulturelle Bühne. Mit ihr hält ein Bedürfnis nach Vereinzelung, nach Entfaltung im Stillen und abseits von der Gemeinschaft Einzug ins Denken und Handeln. Das Haus als architektonisches Refugium des soziologischen Konstrukts Familie bietet diesem Bedürfnis buchstäblich Raum im nun Bedeutung erlangenden Einzel-Zimmer. »Rückzug und Alleinsein werden vollständig umgewertet, sie sind keine Verstiegenheit des Eremiten, sondern ein Grundbedürfnis aller.« So weit noch einmal Uwe Volkmann.

Das eigene Zimmer, der eigene Rückzugsraum als Refugium zur Ausbildung des freien Willens also. Anders gesagt: Kann der Mensch sich in einem wie auch immer gearteten Raum nicht frei und unbehelligt fühlen, können es schwerlich auch seine Gedanken?

Für die Funktionsfähigkeit einer freien Gesellschaft ist ganz entscheidend, dass die Bürger in der Lage und auch willens sind, von ihrer Freiheit Gebrauch zu machen. Sie müssen sicher sein, dass es beobachtungsfreie Räume gibt, in denen der Staat nichts zu suchen hat. Wäre das anders, käme es zu Einschüchterungen, die den Einzelnen veranlassen könnten, grundsätzliche Freiheiten nicht wahrzunehmen.

Ich erwähnte bereits den Kernbereichsschutz, etwa für Gespräche mit Seelsorgern. Die Logik des Beichtgeheimnisses ist ja nicht der Schutz der Sünde, sondern des Sünders: Dieser redet über etwas, nur weil er sich darauf verlassen kann, dass neugierige Dritte draußen bleiben müssen. Man sieht an diesem Beispiel sehr gut, dass der sensibelste Bereich unserer Außenbeziehungen, die höchstpersönliche Kommunikation, garantiert zutrittsfreier Räume bedarf, damit sie sich überhaupt ereignen kann. Dass sie sich aber ereignen kann, ist fast so etwas wie eine Conditio humana. An dieser Stelle wird das zentrale Argument dafür sichtbar, die gleichsam innersten Räume unserer kommunikativen Existenz von ungebetener Beleuchtung – sei es durch den Staat, sei es durch private Dritte – freizuhalten.

Wie definieren und empfinden Sie selbst den Begriff der Privatheit? Was ist für Sie persönlich zutiefst privat?

Wie empfinde ich das selbst? Für mich ist zutiefst Privates ein Tagebuch, denn es ist ein Spiegel persönlicher Ansichten, enthält Wiedergabe und Bewertung von Beziehungen, von Personen, von eigenen Befindlichkeiten – eben der Raum, wo der Mensch keinerlei Rechenschaft schuldig ist, weder privat noch öffentlich. Ein Beispiel: Thomas Mann hat angeordnet, dass seine aufsehenerregenden Tagebücher, die zum Bild seiner Persönlichkeit wichtige Facetten beigetragen haben, für zwanzig Jahre verschlossen blieben. Er durchlebte Perioden der Angst, als die Gefahr bestand, dass Teile der Tagebücher in die Hände der Nazis fallen könnten.

Zurück in die Gegenwart: Wir leben in einer Zeit, in der für viele Menschen der Computer zum Portal für neue Beziehungen geworden ist. Wir schlendern durch die Foren sozialer Netzwerke, neudeutsch »Social Networks«, und suchen ganz bewusst Kontakte, von denen wir hoffen, dass sie uns privat oder beruflich voranbringen können. Wenig erstaunlich, dass diese Plattformen längst auch im Visier von

Hackern und Spammern sind, die sich hier wertvolle Informationen für gezielte Attacken erhoffen. Das Fraunhofer-Institut für Sichere Informationstechnologie (SIT) mit Sitz in Darmstadt hat deshalb im Jahr 2008 verschiedene soziale Netzwerke vor allem unter dem Aspekt untersucht, wie gut sie die Privatsphäre ihrer User schützen. Zu den geprüften Foren gehörten unter anderem »facebook«, »studiVZ«, »myspace«, »Wer-kennt-wen« sowie das stärker beruflich ausgerichtete Portal »XING«. Ergebnis der Studie: Mit einigen Tricks kamen die Tester an vermeintlich geschützte Daten der Nutzer, beispielsweise Bilder, Angaben zur politischen Orientierung oder zum Familienstatus. In keinem Portal war ein vollständiger Datenschutz gewährleistet, keine der Plattformen wahrte die Privatsphäre umfassend.

Nichts geht im Netz verloren, alles ist Zugriffen ausgesetzt. Jugendliche müssen für die Risiken sensibilisiert und neue Standards müssen für soziale Netzwerke gesetzt werden. Der Medienbeauftrage der Evangelischen Kirche stellt dazu fest: »Wenn der Umgang mit der virtuellen Welt mittlerweile als ›vierte Kulturtechnik‹ neben Lesen, Schreiben und Rechnen angesehen wird, muss es auch eine breite gesellschaftliche Beschäftigung damit geben.«

Es ist errschreckend, dass knapp ein Viertel der Kinder und Jugendlichen bereits schlechte Erfahrungen mit »Cyber-Mobbing« gemacht haben. Und es ist kaum zu glauben: In Deutschland entfallen rund 33 Milliarden Abrufe im Monat auf Social Networks.

Umso mehr müssen wir uns verdeutlichen: Der Computer ist für viele Menschen längst zum Speicher ihrer Gedanken und Gefühle geworden ist. Wir leben in einer Zeit, in der »Bloggen« eine moderne Form des Tagebuch-Schreibens ist. Man richtet sich im Computer gemütlich ein, schreibt seine Meinungen zu unterschiedlichen Themen und Neigungen auf und zieht dabei durchaus ins Kalkül, dass diese Seelenskizze auch anderen Lesern, neudeutsch Usern, zugänglich ist. Man will sogar gelesen werden. Durch solche neuen, modernen Kommunikations- und Reflexionstechniken wird also der Computer zum Spiegel meiner Seele, zum Seelendepot, die Festplatte zum Inbegriff von Privatheit.

In dem Moment allerdings, in dem Inhalte dieser Festplatte online stehen, haben wir statt des Inbegriffs nur mehr eine Schwundstufe der Privatheit. Nehmen wir den Blog als Beispiel, das sogenannte Internet-Tagebuch: Diese Web 2.0-Form der Privatnotiz spekuliert ja gerade mit der Spannung zwischen Öffentlichem und Privatem, zwischen Bühne und Kammer, indem sie die Differenz von beidem zugleich sichtbar macht und auflöst.

Es gibt viele Formen freiwilliger Preisgabe von privaten Informationen – aktiv beispielsweise im Blog, passiv eher bei der Benutzung von Kundenkarten, beim Online-Banking oder Internet-Shopping. Verteidigt wird das gern mit der Pose des guten Bürgers: »Ich habe ja nichts zu verbergen«. Wie bewerten Sie diese Einstellung für die Entwicklung unserer politischen Kultur?

Man muss sich in der Tat fragen, ob die Menschen überhaupt noch ein Schutzbedürfnis haben. Es wird doch inzwischen als normal empfunden, sich beispielsweise im ICE über Handy lautstark zu Geschäftsbeziehungen auszulassen und auch Intimes zur Sprache zu bringen. Nur wenige Menschen machen sich Gedanken über die Datenspuren, die sie im Internet hinterlassen, zum Beispiel beim Mitmachen auf einer Plattform wie »StudiVZ«. Beim Einkauf lässt man sich durch Bonuspunkte locken und gibt dafür persönliche Daten preis. Technikvertrauen paart sich mit Unwissenheit, und wenn man etwas weiß, reagiert man fatalistisch: »Was soll mir schon passieren!«

Personenbezogene Daten sind personenbezogene Daten. Auch dort, wo Privatheit scheinbar nicht so wichtig ist. Was macht es schon, wenn andere wissen, wohin ich reise, welche Hobbys ich habe und was ich gerne esse. Das Datenschutzgesetz schützt alle diese Informationen.

Es ist schon erstaunlich, dass viele Menschen so gelassen reagieren, wenn der Staat Zug um Zug den Zugriff auf Personendaten gänzlich Unverdächtiger erweitert hat. Etwas aufrütteln kann man inzwischen immerhin mit Fragen dieser Art: Willst du denn, dass jemand weiß, wie viel du verdienst? Wie groß dein Vermögen ist? Willst du denn, dass einem potenziellen Arbeitgeber bekannt ist, wie du dich in früheren Arbeitsverhältnissen verhalten hast? Welche Krankheiten du hast? Wie oft du gefehlt hast? Ob du zu Schwangerschaften neigst und damit zeitweise ausfällst?

Mal ganz unbedarft gefragt: Wann und wie kann denn die Kenntnis privater Daten dem Einzelnen zum Nachteil gereichen?

Der Satz »Ich habe nichts zu verbergen« wird eben zumeist vorschnell gesprochen. Zum einen suggeriert er in einer Gesellschaft, die gern via World Wide Web von sich reden macht, dass der, der auf den Schutz seiner Privatheit beharrt und Bereiche seines Privatlebens vor neugierigen Blicken und Fragen verschließt, erst recht oder gerade etwas zu verbergen hat. Das halte ich für eine nahezu absurde Verkehrung von Privatheit und Publizität.

Zum anderen ergibt dieser Satz Sinn oder Unsinn erst durch den hinzugefügten Dativ »wem«. Es gibt eben eine Privatheit, deren Kenntnisnahme durch andere für den Betroffenen nachteilig sein kann. Menschen können durch solche befugt oder unbefugt gesammelten Informationen zum Beispiel am beruflichen Fortkommen gehindert werden.

Ich habe mich, nachdem ich 1978 Innenminister geworden war, nachdrücklich für die Abschaffung des sogenannten Radikalenerlasses ausgesprochen, also gegen die Anfrage beim Verfassungsschutz, wenn jemand sich für den öffentlichen

Dienst beworben hatte. Die Anfrage erfolgt seitdem nur dann, wenn konkrete Anhaltspunkte dafür vorliegen, dass jemand, der zum Beispiel Lehrer werden will, das Grundgesetz aktiv bekämpft. Auf meine Initiative ist der Erlass Anfang 1979 durch Kabinettsbeschluss abgeschafft worden.

In den 60er- und 70er-Jahren hat der Verfassungsschutz über die Beteiligung junger Menschen an Aktionen und in Gruppierungen, deren Zielsetzung nicht verfassungskonform war, planmäßig Informationen gesammelt. Der Einzelne wusste davon nichts. Er konnte auch den Wahrheitsgehalt nicht nachprüfen. So unverzichtbar die Aufgabe des Verfassungsschutzes bis heute ist, uns darüber zu informieren, welche Bestrebungen gegen die Verfassung gerichtet sind – diese Maßnahme in den aufgewühlten Reformzeiten ging zu weit. Sie hat großes Misstrauen der jungen Generation gegen den Staat und die Sicherheitsorgane bewirkt. Vielfach handelte es sich um sogenannte »Jugendsünden«.

Nach dem 11. September 2001 sind die Befugnisse des Verfassungsschutzes zur Datensammlung über ganze Berufsgruppen wieder ausgeweitet worden. Beispielsweise kontrolliert der Verfassungsschutz die Personen, die als Reinigungspersonal auf den Flughäfen die Flugzeuge betreten, weil man verhindern will, dass auf diesem Wege etwa Bomben in ein Flugzeug gebracht werden. Wenn etwas gegen eine Person vorliegt, wird sie von dieser Tätigkeit ausgeschlossen, allerdings werden die Ablehnungsgründe heute mit ihr besprochen.

Kann politische Aufklärung helfen, Unbedarftheit gegenüber Datenschnüffelei und Datenmissbrauch abzustellen? Kann Aufklärung helfen, Menschen für die Verletzlichkeit ihres Grundrechtes auf Privatheit zu sensibilieren?

Das Eindringen in die Privatsphäre muss nicht unbedingt mit Vermögensnachteilen oder beruflichen Nachteilen verbunden sein. Es genügt ja schon eine gefühlte Verletzung, wobei man fragen muss: Was fühlen Menschen eigentlich? Sind sie sich der Verletzung ihrer Privatsphäre bewusst? Ist ihnen das gleichgültig?

Die Bedenkenlosigkeit, mit der sich viele Menschen im Internet bewegen, persönliche Informationen, Fotos, auch Intimes von sich und ihren privaten Beziehungen berichten, macht eines ganz deutlich: Das Internet hat die Schamgrenze gesenkt.

Schämen muss man sich in der scheinbaren Geschütztheit der virtuellen Anonymität offenbar für nichts mehr. Wundern hingegen umso mehr – zum Beispiel über die Schamlosigkeit, mit der nicht nur Jugendliche privateste Informationen von Klassenkameraden und auch von Lehrern selbstverständlich ohne deren Einverständnis in beliebte Foren wie das »SchülerVZ« stellen, um diese dort zu diskreditieren. Im Mittelalter nannte man solches Bloßstellen »Anprangern« – und bestrafte damit Menschen, die sich etwas hatten zuschulden kommen lassen. Heute bezeichnen wir solche Hinterhältigkeiten als »Mobbing«.

Ein wichtiges Ziel der politischen Aufklärung ist also, den Menschen bewusst zu machen, dass es immer dann, wenn ihre Privatsphäre verletzt wird, zumal von staatlicher Stelle, um eine Erosion der Grundrechte geht – und damit um ihre ureigensten Angelegenheiten, nämlich die Verletzung ihrer verfassungsrechtlich garantierten Rechte.

Die Behauptung »Ich habe nichts zu verbergen« ist in vielen Fällen – mit einem alten Begriff aus kämpferischer Zeit gesagt – ein Ausweis falschen Bewusstseins. Hier artikuliert sich die Arglosigkeit, die aus blindem Vertrauen erwächst. Wahrscheinlich mehr aus Blindheit als aus Vertrauen. Der amtliche Verfassungsschutz – seine Notwendigkeit wird von mir in keiner Weise bezweifelt – kann doch nicht das Grundvertrauen in die Verfassung ersetzen. Eine Demokratie lebt von diesem Grundvertrauen der Bürger.

Was unternimmt eigentlich der Bundesinnenminister,

der uns regelmäßig in seinen jährlichen Verfassungsschutz-berichten über verfassungsfeindliche Bestrebungen unter-richtet, um dieses Grundvertrauen zu stärken? Viele der von ihm getroffenen Maßnahmen führen doch zu innerer Unsicherheit darüber, was die Grundrechte eigentlich noch wert sind. Der aktive Schutz unserer Verfassung kann nur von den Bürgern selbst kommen, die bereit sind, die Grund-rechte gegen jegliche Anfechtung zu verteidigen.

Im öffentlichen Leben gibt es ja auch die Person des öffent-lichen Interesses, der das Interesse von Medienmachern und Medienkonsumenten gilt. Gibt es demnach Situationen, in denen die Privatsphäre vor dem öffentlichem Interesse zu-rückzustehen hat?

Ja, zum Beispiel immer dann, wenn es um die Frage geht, was die Öffentlichkeit über Prominente wissen darf. Hier hat es in den letzten Jahren diverse Rechtsprechungen eu-ropäischer und deutscher Gerichte gegeben, die den Promi-nentenschutz ausgebaut haben. Landläufig sind sie bekannt geworden unter dem Schlagwort der »Caroline von Mona-co-Urteile«. In diesen Entscheidungen spiegelt sich das Kon-fliktverhältnis zwischen dem Informationsbedürfnis einer auf Presse- und Informationsfreiheit gegründeten Gesell-schaft und dem Schutz der Privatheit.

Inzwischen sind wir an einem Punkt angelangt, wo sich ernst zu nehmende Journalisten, also nicht nur Klatsch-kolumnisten, durch die Rechtsprechung in ihrer Bericht-erstattung eingeschränkt sehen. Berichte werden dann letzt-lich von den Rechtsabteilungen verfasst. Es gibt auch Fälle, in denen Berichte unterbleiben müssen. Ein Königsweg im Spannungsverhältnis zwischen Privatheit und öffentlichem Informationsbedürfnis ist noch nicht gefunden.

Das klingt so, als sei der Begriff des Privaten in der Welt von Prominenz und Celebritys nicht unbedingt und ohne Einschränkung schützenswert und tabu, sondern von Fall zu Fall verhandelbar. Und über diesen Fall entscheiden die Betroffenen je nach Eigeninteresse und PR-Bedarf. Wird da nicht die kulturelle Vereinbarung von Privatsphäre aufgekündigt? Dramatischer formuliert: das Grundrecht bewusst verraten?

Natürlich muss sich die Öffentlichkeit ein Bild von einem Politiker machen können, der gewählt werden soll. Wie weit dies ins Private reicht, ist von Fall zu Fall zu entscheiden. Wenn ein Politiker immer wieder seine Familie mit ins Spiel bringt, kann er sich nicht darüber beschweren, dass diese zum Gegenstand der Berichterstattung wird. Wenn ein Fernsehmoderator durch Werbung viel Geld verdient, weil er eine öffentliche Figur ist, dann muss er auch eine gewisse Neugier der Öffentlichkeit im Hinblick auf sein Privatleben hinnehmen, etwa wenn er heiratet.

Und Barack Obama machte nicht nur seine Frau, sondern auch seine beiden kleinen Kinder zu »charming persons« im Wahlkampf. Er hatte nach den amerikanischen Gepflogenheiten gar keine andere Wahl. Warum versteckt er seine Kinder, hätten sich die Menschen gefragt, wenn er sich anders verhalten hätte. Das sind mehr oder weniger erzwungene Selbstinszenierungen, die auch bei uns im Lande durch die Boulevardzeitungen und die elektronischen Medien noch zugespitzt werden. Fernsehen macht eben aus allem Fernsehen, und die Boulevardpresse setzt auf die Neugier, auf den Voyeurismus des Publikums.

Das Publikum ist ein gutes Stichwort: Wie sollen Zuschauer, Hörer, Leser unterscheiden können zwischen der Privatsphäre als rechtlich geschütztem und der Privatsphäre als publizistisch und gewinnbringend veräußertem Gut?

In der Tat gibt es einen Trend zur Publizität, mithin auch zur Veräußerung, Vermarktung von Privatsphäre. Und es ist für ein Publikum irgendwann schwer zu verstehen, »warum es über den Seitensprung oder das uneheliche Kind eines Politikers dezent schweigen soll, wenn derselbe oder ein anderer aus seiner Hochzeit zuvor eine Staatsaffäre gemacht hat«, wie der Rechtsphilosoph Uwe Volkmann ganz zu Recht sagt.

Dennoch muss das öffentliche Interesse am Privaten, der öffentliche Voyeurismus Grenzen haben. Es gibt Situationen, in denen der Schutz des Privaten existenziell ist, auch wenn die Öffentlichkeit Anteil nehmen möchte, weniger aus Neugier denn aus Mitleid.

Dafür möchte ich ein Beispiel nennen. Ich habe als Anwalt eine Anzahl von Hinterbliebenen des schrecklichen Concorde-Absturzes in Paris vertreten. Ich habe nicht nur ihre rechtlichen Interessen wahrgenommen, sondern hatte, wie das in solchen Fällen immer wieder der Fall ist, die Aufgabe, sie auch seelisch aufzufangen und vor der Verletzung ihrer Privatheit zu schützen. Schon die Beerdigung ihrer Angehörigen war mitunter schamloser öffentlicher Neugier ausgesetzt. Ganz schlimm kam es aber, als eine Illustrierte Fotos von dem verkohlten Wrack des Flugzeuges und von den verstümmelten Leichen veröffentlichte. Die Angehörigen konnten nicht ausschließen, dass ein bestimmter Leichnam eben ihr Vater oder ihre Mutter war. Das ist nicht zumutbar.

Diese rücksichtslose Berichterstattung wurde dann auch durch eine Rüge des Presserates kritisiert, wie es üblicherweise geschieht. Gleichwohl war die Persönlichkeitsverletzung nicht mehr zu reparieren. Andere Sanktionen juristisch durchzukämpfen wäre viel zu zeitraubend und zu teuer. Darauf setzen natürlich diese Medien.

Offenbar darf das Private dann privat sein, wenn es scheinbar keine Geheimnisse vorenthält, und Menschen sind dann sicher vor öffentlicher Neugier, wenn sie bereitwillig Auskunft über ihr Privatleben geben. Eine Gratwanderung.

Ja. Ganz zynisch kann man in solchen Fällen empfehlen, sich am besten gleich der »Bild«-Zeitung zu offenbaren, dann hat man es hinter sich gebracht und im besten Fall noch Einfluss auf die Art der Darstellung. Auch Politiker suchen die Verteidigung in der Flucht nach vorn. Erinnern wir uns, wie Klaus Wowereit seine Homosexualität offengelegt hat. Guido Westerwelle, der jahrelang unter dem Schweigen oder Schweigen-Müssen gelitten hat, war nach seinem öffentlichen Bekenntnis geradezu befreit.

Lassen Sie uns kurz einen Blick über die Landesgrenzen werfen: Welchen Stellenwert hat der Schutz der Privatheit im internationalen Recht und im Völkerrecht?

Trotz vorhandener Datenschutzregelungen muss festgestellt werden: Der Datenschutz hält mit dem rasanten Wachstum des internationalen Datenaustausches nicht Schritt. Durch diesen Prozess werden wir unseres Grundrechtsschutzes beraubt. Ein Beispiel: Das deutsch-amerikanische Regierungsabkommen hat erhebliche Datenschutzdefizite. Die vielfältigen Empfehlungen im neuesten Datenschutzbericht sind nicht umgesetzt.

Im Übrigen: In der »Allgemeinen Erklärung der Menschenrechte« von 1948 heißt es in Artikel 12: »Niemand darf willkürlichen Eingriffen in sein Privatleben, seine Familie, sein Heim oder seinen Briefwechsel noch Angriffen auf seine Ehre und seinen Ruf ausgesetzt werden. Jeder Mensch hat Anspruch auf rechtlichen Schutz gegen derartige Eingriffe oder Anschläge.«

Die internationale Menschenrechtspolitik hat den Datenschutz noch nicht entdeckt. Die Gefahren, die der informationellen Selbstbestimmung drohen, sind noch nicht zum Thema geworden. Hier sehe ich noch eine lohnende Aufgabe für die Menschenrechtsorganisationen.

Zurück zum deutschen Durchschnittsbürger: Kann dieser sich und seine Privatsphäre vor unliebsamer Datenneugier und Datenmissbrauch schützen, indem er möglichst wenig Daten preisgibt?

Ja – aber was genau heißt preisgeben? Ich gebe preis, zum Beispiel indem ich kaufe. Nun kann ich ja nicht auf den Einkauf verzichten. Ich nutze auch die Annehmlichkeiten des Kaufs im Internet. Ich muss mich darauf verlassen, dass es Mechanismen gibt, die mich schützen, weil ich mich selbst gar nicht mehr schützen kann. Ich weiß nicht mehr, wer was über mich weiß oder mit meinen Suchanfragen macht. Wie viele Jahre lang werden sie gespeichert? Wem werden sie möglicherweise verkauft? Haben der amerikanische oder andere Geheimdienste Einblick in die großen internationalen Datenspeicher?

Natürlich sollte der Bürger verantwortungsvoll mit seinen privaten Daten umgehen. Ich habe einmal in einer Diskussion mit jungen Leuten scherzhaft vorgeschlagen, als Analogie zum Hinweis auf der Zigarettenpackung »Rauchen kann tödlich sein« einen Computeraufkleber zu verwenden – mit dem Text »Die Daten, die du im Internet hinterlässt, können gegen dich verwendet werden«. Es wäre aber völlig abwegig, den Bürger mit dem Argument abzuspeisen: Das alles ist nur Folge deiner freiwilligen Entscheidungen! Informationeller Selbstschutz wird immer mehr zur Aufgabe des Staates.

Es reicht also nicht, den Einzelnen auf seine Datenherrschaft zu verweisen, auf sein Selbstbestimmungsrecht. Das Problem liegt tiefer. Wir haben uns an die prinzipiell unbegrenzten Speicherräume und die allgegenwärtigen Datensammlungen gewöhnt. Vielleicht nimmt man sogar an, dass einzelne Daten nicht scharf gestellt werden können, weil sie ihre Herkunft und ihren Kontext nicht zu erkennen geben. Das ist ein gefährlicher Irrtum – eine grandiose Unterschätzung des technisch Machbaren.

Haben uns also die Vorzüge der modernen Informationstechnologie und das Tempo auf der Datenautobahn blind gemacht für die Notwendigkeit des Datenschutzes?

Der Datenschutz stand lange nicht auf der politischen Tagesordnung – eigentlich bis heute nicht. Fälle von gravierendem Datenmissbrauch führten im Jahre 2008 zwar zu hektischer Aktivität der Politik. Einige Gesetzesänderungsvorschläge kamen dann auch auf den Tisch. Sie betrafen den Datenhandel und das freiwillige Datenschutz-Audit, also die Möglichkeit, sich ein Gütesiegel für den Datenschutz zu verdienen.

Dennoch sehe ich mit großem Bedauern, dass der Datenschutz kein herausragendes Thema im Wahljahr 2009 ist. Datenschutz wurde in den letzten Jahren nicht aufgebaut, sondern abgebaut. Etwa dadurch, dass man den sich rasant verbessernden kommunikationstechnischen Möglichkeiten nicht Rechnung trug. Datenschutz hat mit der Technik nicht Schritt gehalten.

Am Abbau wirkt auch der Staat aktiv mit, zum Beispiel durch seine Sicherheitsgesetze. Sie schränken ohne Not an vielen Stellen den Datenschutz ein. Dessen Hüter waren in den letzten Jahren allein das Bundesverfassungsgericht und die Datenschutzbeauftragten von Bund und Ländern. Alles in allem: Wir sind dem maschinenlesbaren, gläsernen Menschen immer näher gekommen.

Wie lässt sich diese Dynamik aufhalten? Welche Verantwortung kommt dem Staat zu beim Schutz privater Daten seiner Bürgerinnen und Bürger?

Ich möchte zwei Entscheidungen des Bundesverfassungsgerichtes erwähnen, mit denen das Gericht dem Gesetzgeber klare Handlungsanweisungen gegeben hat, gerade auch für den privaten Bereich des Datenschutzes. Im Jahre 2006 weist das Gericht darauf hin, dass in vielen Fällen die Freiwilligkeit der Preisgabe von Daten nur auf dem Papier steht, etwa dann, wenn der Einzelne zu Geschäftsbedingungen von Sparkassen, Banken und Versicherungen überhaupt keine Alternative hat. In den Fällen, in denen ein informationeller Selbstschutz nicht möglich und zumutbar ist, so führt das Gericht aus, hat der Staat die Verantwortung, den Persönlichkeitsschutz zu gewährleisten.

Wörtlich heißt es: »In einem solchen Fall kann dem Betreffenden staatlicher Schutz nicht unter Berufung auf eine nur scheinbare Freiwilligkeit der Preisgabe bestimmter Informationen versagt werden. Die aus dem allgemeinen Persönlichkeitsrecht folgende Schutzpflicht gebietet den zuständigen staatlichen Stellen vielmehr, die rechtlichen Voraussetzungen eines wirkungsvollen informationellen Selbstschutzes bereitzustellen.«

Ein weiterer Handlungsauftrag ergibt sich aus dem sogenannten Online-Urteil vom Februar 2008, auf das ich noch an anderer Stelle eingehe. In diesem Urteil analysiert das Gericht die Möglichkeiten, aber auch die neuartigen Gefährdungen der Informationstechnik und postuliert ein neues »Grundrecht auf Gewährleistung der Vertraulichkeit und Integrität informationstechnischer Systeme«. Die Karlsruher Richter reagieren damit auf ein neues besonderes Gefährdungspotenzial durch die Entwicklung der Computertechnologie, der Netzkonstellationen vieler neuer Dienste und der darauf aufbauenden Infiltrations- und Manipulationsmöglichkeiten.

Unter diesen neuen Umständen müssen die Vertraulichkeit und Integrität dieser Systeme geschützt werden, denen sich der Betroffene anvertraut, auch ohne dass er in der Regel in der Lage wäre, sich selbst zu schützen. Dieses neue Grundrecht ist nicht nur ein Abwehrrecht gegenüber staatlichen Eingriffen, also zum Beispiel der staatlichen Online-Durchsuchung, sondern es begründet auch eine Schutzpflicht des Staates gegenüber Eingriffen privater Dritter.

Es ist bis heute nicht erkennbar geworden, in welcher Weise die verantwortlichen staatlichen Stellen auf diese Handlungsgebote zu reagieren gedenken, wie das etwa nach dem Volkszählungsurteil geschehen ist. Ein politisches Konzept für eine umfassende Novellierung des Datenschutzrechtes steht nach wie vor aus, obwohl seit Langem die Vorschläge der Sachverständigen auf dem Tisch liegen, unter anderem im aktuellen »Tätigkeitsbericht zum Datenschutz für die Jahre 2007 und 2008« des Bundesdatenschutzbeauftragten.

Die Situation des Datenschutzes habe sich trotz einer breiten öffentlichen Debatte vor allem nach den Datenskandalen in der Privatwirtschaft noch nicht verbessert, heißt es darin. Und weiter: »Die eigentliche Aufgabe, als Konsequenz aus dem Datenmissbrauch und seinen Ursachen den Datenschutz grundlegend zu reformieren und nachhaltig zu verbessern, liegt noch vor uns.« Von entscheidender Bedeutung sei es, »die Grundeinstellung technologischer Systeme datenschutzfreundlich zu gestalten, das heißt, sie auf Datenvermeidung und Datensparsamkeit auszulegen«.

Wo genau liegen die gesetzgeberischen Defizite? Was wäre aus Ihrer Sicht dringend zu tun?

Einmal sollten die Einschränkungen des Staates im Sicherheitsbereich einer Tauglichkeitsprüfung unterzogen werden. Da geht es also um die Frage, ob der Freiheitsverlust den Sicherheitsgewinn aufwiegt, und ob es überhaupt einen solchen Sicherheitsgewinn gibt. Immer wieder wurde in den letzten Jahrzehnten Sicherheit gegen Datenschutz ausgespielt. Ich war als Innenminister beides, Sicherheits- und Datenschutzminister, und ich habe versucht, dieses Spannungsverhältnis auch im eigenen Ministerium auszuhalten, etwa indem ich bei der Bekämpfung des RAF-Terrors die Einbeziehung von unverdächtigen Kontaktpersonen einer strengen Kontrolle unterworfen habe.

Es darf nicht übersehen werden: Die Überwachungsmechanismen im privaten Sektor weiten sich mit der allgegenwärtigen Datenverarbeitung aus. Eine ganze Reihe von Sachverständigen – ich nenne hier nur Alexander Rossnagel – hat Vorschläge für eine systematische Modernisierung des gesamten Datenschutzrechtes vorgelegt. Zu den neuen Schutzstrategien gehört die Integration des Datenschutzes in technische Systeme und Verfahren, um von Anfang an datenschutzrechtlich selbst Regulierung und Kontrolle zu erreichen. Also mehr Datenschutz durch Technik statt durch Verhaltensregeln. Notwendig ist auch eine radikale Reform der Kontrollsysteme, die Ahndung von Datenschutzverstößen als Wettbewerbsverstöße, ein Konzept für den Arbeitnehmerdatenschutz und anderes mehr.

Im Übrigen: In meiner Ministerzeit war ich ständig Gegenstand heftiger Angriffe von Franz Josef Strauß. In seinen Aschermittwoch-Bierzelt-Reden griff er mich regelmäßig als Sicherheitsrisiko an, der Datenschutz als »Täterschutz« betreibe. So ärgerlich und falsch dieses auch war: Es hat mir politisch genützt.

Säßen Sie heute an verantwortlicher Stelle: Wie würden Sie persönlich Licht in das Datenschutz-Dunkel bringen wollen?

Ich habe eine Vision – auch wenn das möglicherweise naiv ist. Meine Vision ist, dass die Dringlichkeit des Datenschutzes ähnlich ins Bewusstsein tritt wie seinerzeit der Umweltschutz.

Als ich 1972 als Parlamentarischer Staatssekretär ins Bundesinnenministerium gekommen bin, hat Hans-Dietrich Genscher, der 1969 Bundesinnenminister geworden war, mit dem Aufbau des Umweltschutzes begonnen. Die Innenminister des Bundes waren ja damals auch Umweltminister. 16 Jahre haben Liberale diese Aufgabe wahrgenommen. Unter Genscher ist zum ersten Mal in der Geschichte der Bundesrepublik eine Umweltpolitik entwickelt worden, die diesen Namen verdient. Die dazu erforderlichen Gesetze und Institutionen wurden aufgebaut – und alles ohne eine sichtbare Umweltbewegung im Lande.

Man muss sich erinnern: Das Freiburger Programm der FDP von 1971 enthielt einen Umweltteil. Dies war das erste Umweltprogramm einer deutschen Partei. Vorher hat der Umweltschutz in Wahlkämpfen so gut wie keine Rolle gespielt. Es war den Menschen ziemlich gleichgültig, wie vergiftet und verschmutzt unsere Gewässer waren. Sie haben neue Rathäuser gebaut – und keine Kläranlagen. Das Bewusstsein der Menschen veränderte sich rasch, auch durch die aufrüttelnden Analysen des sogenannten »Club of Rome«. Es entstand eine Umweltbewegung, eine neue Partei wurde gegründet. Es ist eingetreten, was viele nicht für möglich gehalten haben.

Was spricht dagegen, dass sich eine solche gesellschaftliche und politische Bewegung auch zum Datenschutz, zum Schutz der Privatsphäre entwickelt?

Es gibt ja bereits Netzwerke von Datenschützern, die dafür kämpfen und Zeichen setzen. Durch die Verleihung des »Big Brother Award« werden beispielsweise Jahr für Jahr die schlimmsten Verstöße gegen den Datenschutz sichtbar gemacht.

Ich wünsche mir, dass sich mehr junge Menschen in Da-

119

tenschutzgruppen engagieren, ähnlich, wie sie es auch in Menschenrechtsorganisationen tun. Ich wünsche mir, dass die Möglichkeiten genutzt werden, mehr Öffentlichkeit, mehr Sensibilität für das Thema Datenschutz herzustellen.

Der tausendfache Protest gegen die grundrechtsproblematische Ausgestaltung des Gesetzes gegen Kinderpornografie war ein ermutigendes Signal. Wohin der Protest führen kann, zeigt auch der 7,1-Prozent-Erfolg der sogenannten Piratenpartei in Schweden bei der Europawahl.

Big Boss is watching you 6
Datenschutz für Arbeitnehmer

Was sich liest wie die Stoffsammlung für einen fiktiven Wirtschafts-krimi, sind Fakten. Sie entstammen den größten bisher bekannt gewordenen Überwachungsaffären der jüngeren deutschen Unternehmensgeschichte:

- Die Deutsche Telekom verglich im Jahr 2006 bei rund 136 000 Mitarbeitern deren Bankverbindungen mit denen von Lieferanten. 2005 und 2006 kontrollierte sie heimlich Telefonverbindungen von mindestens 60 Personen (u.a. Aufsichtsräte, Betriebs-räte, Journalisten).
- Die Deutsche Bahn AG verglich 2005 die Stammdaten von rund 190 000 Mitarbeitern mit denen von Lieferanten. Schon 2002 und 2003 forschte sie heimlich 173 000 Mitarbeiter aus.
- Die Supermarktkette Lidl ließ 2006/2007 in rund 500 Filialen Mitarbeiter per Kamera überwachen. Bis Ende 2008 führte das Unternehmen geheime Listen über den Gesundheitszustand von Mitarbeitern.
- Im Mai 2009 wurde bekannt, dass die Abteilung Konzern-sicherheit der Deutschen Bank ab 2006 mehrere Führungskräf-te, deren Familienangehörige und externe Kritiker von einer externen Detektei überprüfen ließ.

Diese Datenskandale sind nur die Spitze des Eisbergs. Gemeinsam mit Herta Däubler-Gmelin, Rechtsanwältin und ehemalige Bundes-justizministerin, recherchierte Gerhart Baum als juristischer Sonder-ermittler in den Affären von Telekom und Bahn. Dabei gewannen sie

121

den Eindruck, dass es offenbar ein Netzwerk zwischen den Sicherheitsabteilungen beider Konzerne gab, »man half sich auf dem kleinen Dienstweg«. In beiden Abteilungen arbeiteten Personen, die das Geschäft bei Sicherheitsbehörden gelernt hatten, vom Bundesamt für Verfassungsschutz bis zum BKA. Die Vermutung liegt nahe, dass auf diese Weise in die Konzerne übernommen wurde, was der Staat vorlebt: eine ausgeprägte Kontrollmentalität.

Die Kontrollwut der Konzerne und ihre rechtswidrigen Methoden

Während meiner langjährigen Tätigkeit als Anwalt habe ich eine Reihe sehr unterschiedlicher Mandanten vertreten. Darunter waren die Angehörigen von Menschen, die bei Flugzeugabstürzen ums Leben kamen (Lockerbee, Concorde, Birgen Air), Opfer und Hinterbliebene des Flugtag-Unglücks in Ramstein, die betrogenen Käufer von Schrott-Immobilien und die ehemaligen russischen Zwangsarbeiter. Dass ich einmal ein Mandat als Sonderermittler in zwei der größten Wirtschaftsaffären der jüngeren deutschen Geschichte erhalten würde und, gemeinsam mit meiner Kollegin Herta Däubler-Gmelin, unmittelbar an der Aufklärung der Bespitzelungsaffären bei der Telekom und der Deutschen Bahn mitwirken würde, hätte ich mir allerdings niemals vorstellen können.

In beiden Affären ging es um die teilweise über Jahre fortgesetzte heimliche Beobachtung zahlreicher Mitarbeiter und Führungskräfte. In beiden Fällen folgten die gesetzeswidrigen Aktionen einer Allmachts-Attitüde gemäß dem zynischen Motto: Big Boss is watching you.

Ausgangspunkt meiner Arbeit war der Skandal bei der Telekom, der im Jahre 2008 aufgedeckt wurde. Wir erhielten das Mandat von den Arbeitnehmervertretern im Aufsichtsrat der Telekom. Sie waren Ziel der Ausspähung. Im Laufe des Verfahrens kamen noch andere Bespitzelungsopfer, vor allem aus dem Bereich der Betriebsräte, dazu. Jetzt sind es über fünfzig

Mandanten. Sie erwarteten von uns Aufklärung, die Wahrnehmung ihrer Interessen gegenüber der Telekom und Wiedergutmachung.

Ein Ziel der konzerninternen Überwachungsaktion war die Suche nach undichten Stellen, also nach Personen, die in unerlaubter Weise Informationen aus dem Unternehmen an die Presse gegeben haben sollen. Es zeugt von großer Instinktlosigkeit der damaligen Unternehmensführung, dass sie einseitig Vertreter der Arbeitnehmerseite verdächtigt hat. Da sollte ganz offenbar auch der manchmal unbequeme Partner geschwächt werden. Das Bewusstsein für eine funktionierende Sozialpartnerschaft fehlt. Die Organmitglieder im Aufsichtsrat eines großen Unternehmens kontrollieren den Vorstand und dürfen von diesem nicht selbst kontrolliert werden. Daneben war die Bespitzelung auch ein Angriff auf die Pressefreiheit: Im Zentrum der Bespitzelung standen auch sechs Journalisten verschiedener Medien.

Kein Zweifel: Die Bespitzelung von Telefonaten und Verbindungsdaten – auch wenn auf die Inhalte nicht zugegriffen wurde – ist eine Straftat, nämlich unter anderem die Verletzung des Fernmeldegeheimnisses. Deshalb ermittelt die Staatsanwaltschaft Bonn. Von besonderem Interesse sind die Rollen des damaligen Aufsichtsratsvorsitzenden Zumwinkel und des Vorstandsvorsitzenden Ricke. Die bisher vorliegenden Erkenntnisse lassen vermuten, dass sie die Anweisung gegeben haben, die unbefugte Informationsweitergabe ausfindig zu machen. Es ist bisher allerdings nicht erwiesen, ob sie von den rechtswidrigen Methoden Kenntnis hatten, die von der Sicherheitsabteilung des Unternehmens angewandt wurden.

Die »Süddeutsche Zeitung« beschreibt die Situation folgendermaßen: »Fest steht, dass über viele Monate Dutzende Arbeitnehmervertreter, Gewerkschafter, Betriebsräte ausgespäht worden sind. Nicht nur im Nachgang zu Sitzungen, sondern schon vor Aufsichtsratssitzungen wurde ausgeforscht, wer mit wem telefonierte. Der Verfolgungswahn reichte bis in den Vorstand ... In langen Listen wurden mögliche Quellen erfasst. Paranoia.«

Bei der Deutschen Bahn AG war der Ausgangspunkt der Datenaffäre die Bekämpfung der Korruption. Sicherlich war und ist bei der Bahn die Korruptionsbekämpfung besonders wichtig. Hohe Summen an Aufträgen werden nach außen vergeben. Im Laufe entsprechender Kontrollen kam später aber auch die Ausforschung von Pressekontakten hinzu. Korruptionsbekämpfung wurde zum Vorwand für viel weitreichendere Bespitzelungspraktiken. Der Journalist Hans Leyendecker stellt fest: »Was dem Staat der Terrorverdacht, ist etlichen Unternehmen mittlerweile der Korruptionsverdacht.«

So wurden beispielsweise Abgleiche von Personalstammdaten nahezu aller Mitarbeiter der Deutschen Bahn AG und Kreditorenstammdaten durchgeführt. Dazu gab es noch eine Reihe von Einzelaktionen zur gezielten Observierung von Führungskräften. Später wurden in rund 500 Fällen die Inhalte von E-Mails, E-Mail-Postfächern und von persönlichen Laufwerken auf Servern von Mitarbeitern der Deutschen Bahn AG ohne deren Kenntnis sichergestellt und durch die jeweils ermittelnde Stelle erfasst. Dabei wurden auch erkennbar private E-Mails ausgewertet. In Einzelfällen wurden die Festplatteninhalte von Bürorechnern per Fernzugriff kopiert. Auch die Korrespondenz externer E-Mail-Adressen wurde durchsucht, unter anderem von Bahnkritikern und Journalisten. Das Massenscreening, das hier flächendeckend vorgenommen wurde, erinnert in Methodik und Absicht deutlich an die Rasterfahndung, die 2006 vom Bundesverfassungsgericht verboten wurde.

Die internen Konzernkontrollen verstoßen gegen das Betriebsverfassungsgesetz und gegen Betriebsvereinbarungen – in den meisten Fällen sind weder der Betriebsrat noch der Datenschutzbeauftragte des Unternehmens informiert worden. Hinzu kommen Verstöße gegen das Bundesdatenschutzgesetz, gegen das Strafgesetz und möglicherweise gegen das Aktienrecht.

Sicherheitsabteilungen haben ein Eigenleben entwickelt. Rechtsfreie Räume sind entstanden. Schmutzige Aufträge wurden an externe Detekteien vergeben, die dann illegal Kontendaten beschafft haben – eine offenbar weitverbreitete Praxis.

Vorbild für die Spitzelmentalität der Unternehmen ist der Staat

Die von meiner Kollegin Däubler-Gmelin und mir sowie der Wirtschaftsprüfungsgesellschaft KPMG vorgelegten Berichte machen die Dimension und die Schwere der Verfehlungen sichtbar, die schließlich dazu geführt haben, dass der Vorstandsvorsitzende der Deutschen Bahn AG, die Hälfte der Vorstandsmitglieder und andere Führungspersonen auf unteren Ebenen ihre Positionen verloren.

Inzwischen liegen Hinweise dafür vor, dass die Sicherheitsabteilungen beider Firmen eng mit den Sicherheitsabteilungen anderer Konzerne, etwa der Deutschen Lufthansa, kooperiert haben. Mein Eindruck ist: Die in der letzten Zeit bekannt gewordenen Datenaffären, die auch Konzerne wie Schlecker, EnBW, Airbus Deutschland und die Deutsche Bank betreffen, sind erst die Spitze des Eisbergs. Generalverdacht möchte ich nicht äußern. Es ist jedoch davon auszugehen, dass auch in anderen Unternehmen eine Spitzelmentalität um sich gegriffen hat. Vorstände und Manager haben offenbar das Bewusstsein dafür verloren, dass auch Arbeitnehmer in ihrer Privatheit und ihren Grundrechten geschützt sind. Das Prinzip des Schutzes eines Bereichs privater Lebensgestaltung gilt im Kern auch für den Arbeitnehmer am Arbeitsplatz.

Offenbar sind frühere Staatsfirmen besonders anfällig für solche Praktiken und handeln in quasi hoheitlicher Arroganz. Es ist schon eine Anmaßung, Ermittlungen ohne Einschaltung der zuständigen Behörden zu führen – also Selbstjustiz zu üben.

Diese Mentalität kommt nicht von ungefähr: Der Staat hat

sie vorgelebt. Die Ausdehnung von Maßnahmen der Sicherheitsbehörden auf Bürger, die in keiner Weise Anlass zur Beobachtung gegeben haben, zeugt von einer Verachtung des Grundrechts auf Menschenwürde und ist ja auch vielfach vom Bundesverfassungsgericht kritisiert worden. Als Beispiel erwähnt habe ich bereits die Rasterfahndung, mit der zahlreiche, völlig unverdächtige Bürger ohne hinreichende Anhaltspunkte in ein Raster der Strafverfolger gerieten. Sie wurde als verfassungswidrig verboten. Weitere negative Vorbilder sind die Vorratsdatenspeicherung und das neue Bundeskriminalamtsgesetz, die beide noch Gegenstand von Verfassungsbeschwerden sind.

Arbeitnehmerdatenschutz –
eine Selbstverpflichtung der Konzerne

Wirtschaftsunternehmen können und sollten auch ohne eine gesetzliche Regelung aktiv werden. Sie tun gut daran, in einer Art Selbstverpflichtung gesetzeskonformes Handeln unter Beweis zu stellen.

Eine Reihe möglicher organisatorischer Maßnahmen haben wir in unserem Schlussbericht für die Deutsche Bahn AG vorgeschlagen; sie sind inzwischen weitgehend umgesetzt worden. Dazu gehört die Einrichtung eines eigenständigen Vorstandsbereichs Datenschutz, wie er inzwischen bei der Deutschen Telekom geschaffen worden ist. Die Deutsche Bahn AG hat entschieden, die aufgespaltenen Zuständigkeiten von Recht, Konzernsicherheit, Datenschutz und Compliance, also Wahrung der selbst aufgestellten Regeln für die Unternehmenskultur, zusammenzuführen. Auch unser Vorschlag, ein besonderes Kontrollgremium im Verantwortungsbereich des Aufsichtsrats zu schaffen, ist umgesetzt worden bzw. in der Planung. Ein weiteres Instrument sind Vereinbarungen zwischen den Betriebsräten und der Unternehmensführung. Sie existieren bereits, müssen aber ergänzt und vertieft werden.

Die Unterschätzung, ja Missachtung des Datenschutzes war eine der Hauptursachen für die öffentliche Kritik, die schließlich zur Krise bei der Telekom und zum Rücktritt des Bahnchefs Mehdorn geführt hat. Wir haben dem Aufsichtsrat der Deutschen Bahn AG empfohlen, auch die mögliche aktienrechtliche Verantwortung der Geschäftsführungsorgane zu prüfen, um festzustellen, ob eine Vernachlässigung der Pflicht zur Gewährleistung von Rechtskonformität vorgelegen hat. Das könnte der Fall sein, wenn die Organisationsstruktur des Unternehmens nicht geeignet war, die gesetzlichen Anforderungen zu erfüllen, oder wenn die Organisation nicht pflichtgemäß überwacht worden ist. Die Bahn etwa hat mehr als 230 000 Beschäftigte; ihre Datenschutzabteilung ist jedoch für einen Konzern dieser Größe personell völlig unzureichend ausgestattet – mit einer Handvoll Stellen.

Die Reform des Datenschutzrechts

Die Fälle bei Bahn und Telekom ebenso wie der Skandal bei Lidl, bei dem private Daten von Mitarbeitern, etwa Angaben zu Erkrankungen, ohne hinreichenden Anlass ausgespäht wurden, verdeutlichen noch einmal aus einer anderen Perspektive, wie notwendig der Ausbau des Datenschutzes im privaten Bereich von Arbeitnehmern ist. Die moderne Kommunikationstechnik ermöglicht eine annähernd totale Überwachung am Arbeitsplatz: E-Mail-Konten und Festplatten sind gefährdet.

Spezielle Maßnahmen zum Schutz von Arbeitnehmern gegen Bespitzelungen am Arbeitsplatz sind daher unverzichtbar. Es bestehen große Gesetzeslücken. Das geforderte Arbeitnehmerdatenschutzgesetz muss endlich realisiert werden. Angekündigt ist es für die nächste Legislaturperiode – bei dieser Ankündigung darf es nicht bleiben. Die FDP-Bundestagsfraktion hat dazu ein Konzept vorgelegt. Auch die Sprecher der anderen Parteien haben Initiativen angekündigt. Warum haben sie nicht früher gehandelt?

Was in Sachen Arbeitnehmerdatenschutz vonseiten des Gesetzgebers im Einzelnen zu tun ist, empfiehlt der Bundesbeauftragte für den Datenschutz – nicht zum ersten Mal – mit einer Reihe von Vorschlägen in seinem neuesten Bericht. Peter Schaar analysiert die Lage so: »Das rasante Anwachsen von Datenbeständen, deren fortschreitende Vernetzung und der hohe ökonomische Wert von personenbezogenen Daten multiplizieren das Gefahren- und Missbrauchspotenzial ... Von besonderer Bedeutung ist eine strikte Zweckbindung bei der Verarbeitung und Nutzung von Arbeitnehmerdaten.« Schaar weist auf eine erhebliche »Rechtsunsicherheit« hin, da das Bundesdatenschutzgesetz und auch arbeitsrechtliche Vorschriften den Arbeitnehmern aus seiner Sicht nur unzureichenden Schutz gewähren. Einwilligungen der Arbeitnehmer können Datenspeicherungen nur dann rechtfertigen, wenn sie auf einer freien Entscheidung des Betroffenen beruhen. Schaar hegt Zweifel, ob Arbeitnehmer, die sich im Arbeitsleben in einer gewissen Abhängigkeit befinden, frei entscheiden können.

In ein neues Datenschutzrecht gehören unter anderem folgende Grundsätze:

- Auch im Arbeitsverhältnis darf der Mensch nicht zur Aufgabe oder Einschränkung seiner Grundrechte gezwungen werden.
- Unternehmensführungen müssen lernen, dass die mit den aktuellen Datenaffären sichtbar gewordene »Herr im Haus«-Mentalität einem längst überholten Obrigkeitsdenken entspringt – und nicht dem Grundverständnis einer freiheitlichen Verfassung.
- Auch der Versuchung, Selbstjustiz zu üben, statt staatliche Ermittlungsbehörden einzuschalten, wenn sich ein Tatverdacht ergibt, ist zu widerstehen.
- Der Grundsatz der Datensparsamkeit hat besonders im Arbeitsverhältnis eine herausragende Bedeutung. Die Datenverarbeitung darf sich nur auf solche Daten bezie-

hen, die für das Arbeitsverhältnis erforderlich sind. Nach
Beendigung des Arbeitsverhältnisses müssen Daten gelöscht werden.

In ihren Vorschlägen zur Verbesserung des Arbeitnehmer-
datenschutzes führt die FDP-Fraktion unter anderem aus:
»Die Überwachung der Nutzung technischer Systeme am
Arbeitsplatz durch Aufzeichnung und Speicherung von Zugriffen auf bestimmte Dateien, das Mitlesen von E-Mails oder
die Protokollierung der aufgerufenen Internetseiten muss sich
daran messen lassen, ob dies im Einzelfall verhältnismäßig
ist. Eine generelle Umprotokollierung des digitalen Arbeitsverhältnisses muss unzulässig sein. Auf Inhalte elektronischer
Kommunikation darf nur in besonderen Fällen zugegriffen
werden. Das gilt insbesondere, wenn auch eine private Nutzung zulässig ist.«
    Arbeitnehmer sind auch einem Wildwuchs von Sicherheits-
und Zuverlässigkeitsüberprüfungen ausgesetzt. Es handelt
sich um erhebliche staatliche Eingriffe in das Persönlichkeitsrecht. Entschieden abgelehnt werden müssen auch Datenüber-
mittlungen von Polizei und Nachrichtendiensten an private
Arbeitgeber, und zwar selbst dann, wenn eine Einwilligung
der Betroffenen vorgelegen hat. Sie beruht in der Regel nicht
auf freier Entscheidung.
    Das sich in jüngster Zeit häufende Offenbarwerden von
Datenskandalen und Spitzelaffären in der Wirtschaft und
die Empörung darüber in der Öffentlichkeit lassen deutlich
werden: Das Datenschutzbewusstsein der Bürger ist, was den
Missbrauch ihrer Daten am Arbeitsplatz angeht, gewachsen –
und damit das Datenschutzbewusstsein insgesamt. Die zahlreichen staatlichen Eingriffe in den vergangenen Jahren haben
diese Wirkung nicht erzeugt. Diese Fälle haben öffentliche
Diskussionen ausgelöst, die die Firmen unter Druck gesetzt
haben. Vorbildlich hat sich zunächst die Telekom verhalten,
die Deutsche Bahn AG ist gefolgt. Beide Firmen haben die
Vorwürfe aufgearbeitet, auch unter Mitwirkung der Gewerk-

schaften. Es ist zu erwarten, dass sich eine neue Datenschutz-kultur und eine neue Unternehmenskultur entwickeln – mit Signalwirkung.

Generell sind Firmen gut beraten, ihre Sicherheitsabtei-lungen zu durchleuchten und sich einer Qualitätskontrolle in Sachen Datenschutz zu stellen. Datenschutz muss zum Qualitätsmerkmal gut geführter Unternehmen werden. Denn Datenschutz ist auch Kundenschutz.

Wenn der Staat die (Ver-)Fassung verliert

7

Die Rolle der Bundeswehr im Inneren

»Die Auflösung von innen und außen erfordert ..., dass wir manche nationale Aufgabenteilung neu überdenken müssen. Das gilt für die Verantwortungsteilung zwischen Polizei und Militär ... Manchen Gefahren kann man nur mit polizeilichen Mitteln begegnen, anderen nur mit militärischen Mitteln. Es ist aber nicht mehr richtig, dass die Grenze zwischen den unterschiedlichen Gefahren an der Landesgrenze verläuft. Die Entwicklung hat gezeigt, dass die Polizei mit den ihr zur Verfügung stehenden Mitteln bestimmte Bedrohungen im Inland nicht bewältigen kann. Der Anschlag auf das World Trade Center ist nur eins von vielen vorstellbaren Szenarien für den Angriff auf die Zivilbevölkerung mit der Intention massenhafter Tötung. Solchen Situationen, mit denen der Gesetzgeber nur im klassischen Verteidigungsfall gerechnet hat, mit denen er ansonsten auch nicht rechnen konnte, lässt sich auf der Grundlage unseres geltenden Verfassungsrechts nicht zulässig begegnen. Der klassische Verteidigungsbegriff wird den heutigen Bedrohungen des internationalen Terrorismus nicht gerecht.«

(Bundesinnenminister Wolfgang Schäuble bei der Tagung
»Freiheit und Sicherheit« am 30. Mai 2008 in Tutzing)

Die Worte von Wolfgang Schäuble mögen beim ersten Lesen verführerisch einleuchtend klingen. Welche tief greifende Änderung im rechtsstaatlichen Gefüge allerdings die Folge wäre, macht eine im Jahr 2008 geplante Änderung des Grundgesetzes deutlich.

Ende 2008 hatte sich die Große Koalition auf eine Verfassungsänderung geeinigt, die erstmals nach dem Zweiten Weltkrieg den militärischen Einsatz deutscher Soldaten im eigenen Land in weitem Umfang möglich machen sollte. Geplant war nach dem Willen der Minister Schäuble und Zypries die Ergänzung von Artikel 35 des Grundgesetzes um folgenden Zusatz: »Reichen zur Abwehr eines besonders schweren Unglücksfalles polizeiliche Mittel nicht aus, kann die Bundesregierung den Einsatz von Streitkräften mit militärischen Mitteln anordnen.«

Was so unscheinbar daherkommt, ist ein tragender Baustein in Wolfgang Schäubles Sicherheitsschutzwall – und ein weiterer Schritt zur Aufweichung der Trennung von innerer und äußerer Sicherheit in unserem Land. Bislang sind diese Bereiche bis auf wenige Überlappungen der Zuständigkeiten eindeutig getrennt: Für Fragen der inneren Sicherheit ist in der Bundesrepublik die Polizei zuständig. Der militärische Einsatz der Bundeswehr im Landesinneren ist hingegen weitgehend ausgeschlossen. Die Soldaten der Bundeswehr haben nach Artikel 87a des Grundgesetzes einen Verteidigungsauftrag. Er ist gegeben bei Bedrohungen der Bundesrepublik vom Land her, vom Wasser oder aus der Luft.

Daneben erlaubt das Grundgesetz den Einsatz von Soldaten in Friedenszeiten im Rahmen der Rechts- und Amtshilfe sowie im Fall einer Katastrophe. »Zur Hilfe bei einer Naturkatastrophe oder bei einem besonders schweren Unglücksfall kann ein Land Polizeikräfte anderer Länder, Kräfte und Einrichtungen anderer Verwaltungen sowie des Bundesgrenzschutzes sowie der Streitkräfte anfordern«, heißt es derzeit noch in Artikel 35.

Wie ein solch friedliches Teamwork und Unter-die-Arme-Greifen aussehen kann, illustrierten die Bilder des Oder-Hochwassers im Jahre 1997, als Polizisten und Soldaten mit vereinten Kräften Dämme gegen das ansteigende Wasser anlegten und Menschen aus den überfluteten Dörfern und Städten evakuierten. Unterstellt sind die auf Zeit ausgeliehenen Soldaten wie ihre Kollegen von der Polizei für diese Zeit dem jeweils zuständigen Landesinnenminister.

Weiter zurück liegt ein weiterer gemeinsamer Katastrophen-einsatz von Polizei, Bundeswehr und anderen Helfern: Als im Sommer 1975 die halbe Lüneburger Heide brannte und dieser bisher größte Waldbrand in der Geschichte der Bundesrepublik die Region in Niedersachsen in Katastrophenalarm versetzte, schlugen rund 11 000 Soldaten der Bundeswehr mit schwerem Gerät, vor allem mit Panzern, Schneisen in die Wälder, um die weitere Ausbreitung des Feuers zu verhindern.

Wie sehr sich die Mentalität inzwischen verändert hat, wenn es um Amtshilfe und den Anlass dazu geht, zeigte sich bei dem Überflug von Tornados über die Camps der Demonstranten in Heiligendamm während des G8-Gipfels im Jahre 2007: Sie haben die Camps sogar fotografiert. Das ähnelt den Tornado-Einsätzen in Afghanistan.

Ein anderer Fall, bei dem die Notwendigkeit der grund-gesetzlich garantierten Amtshilfe fragwürdig scheint, ist die Sicherung eines großen Münchner Hotels während der dort tagenden Sicherheitskonferenz 2007. Damals setzte der bayeri-sche Innenminister auch Soldaten der Bundeswehr zur Siche-rung des Gebäudes ein. Selbstverständlich lief dieser Einsatz, wie es sich für einen solchen Akt von Amtshilfe gehört, nach Polizeirecht. Gleichwohl stellt sich die grundsätzliche Frage: Wann ergab sich hier jener Notstand, der eine Amtshilfe durch die Bundeswehr erforderlich machte? Kaum vorstellbar, dass die bayerische Polizei nicht in der Lage gewesen wäre, das Hotel aus eigener Kraft zu sichern. Sollte hier der Medien-Öf-fentlichkeit politische Stärke und Macht durch den geballten Einsatz von Polizei und Militär demonstriert werden? Ein Auf-marsch gemischtuniformierter Sicherheitsgaranten passend zum Anlass?

»Der Soldat, dein Freund und Helfer«

Mit der eingangs beschriebenen Änderung des Grundgesetz-Artikels 35 verfolgt zumindest die Union in der Bundesregierung weitere Pläne zum Einsatz der Bundeswehr in Deutschland – zu Friedenszeiten. Mit der geplanten Erweiterung des Artikels würde die Trennung zwischen innerer und äußerer Sicherheit aufgehoben. In dem bereits zitierten Zusatz steckt die ganz konkrete Option, die Bundeswehr als eine Art Ersatzpolizei mit militärischen Mitteln im Inland einzusetzen. Sollte also eine Länderpolizei bei »der Abwehr eines besonders schweren Unglücksfalles« einmal nicht weiterwissen, weil sie an die Grenzen ihrer Ausrüstung und ihrer Kompetenz stößt, helfen gern die Kollegen vom Militär, »mit militärischen Mitteln«, wohlgemerkt. »Der Soldat, dein Freund und Helfer«, umschrieb Thomas Darnstädt diese neu erfundene Identität der Streitkräfte im »Spiegel«.

Künftig soll es in Artikel 35 nicht mehr nur um Amtshilfe bei der Beseitigung von Unglücksfolgen gehen, etwa um Aufräumarbeiten mit schwerem Gerät nach einem Erdbeben. Nun geht es um Militärpräsenz bei der Abwehr eines Unheils – nach eigenem Recht der Bundeswehr. Die Bundesregierung kann unter bestimmten Bedingungen den Länderregierungen sogar Weisungen erteilen.

Problematisch bei diesen Planungen ist schon die Frage: Was ist ein »besonders schwerer Unglücksfall«? Die Möglichkeit der Definition scheint hier bewusst weitgefasst zu sein. Eindeutig entschieden hingegen ist: Das Parlament spielt bei dieser schwerwiegenden Entscheidung keine Rolle. Allein die Bundesregierung, bei Gefahr im Verzug der zuständige Bundesinnenminister, entscheidet demnach, ob besagter »besonders schwerer Unglücksfall« unmittelbar oder demnächst bevorsteht, ob durch ihn das Leben von Menschen bedroht ist und ob durch den Einsatz militärischer Mittel weitere, unbeteiligte Menschen bedroht werden könnten.

Ein für mich entscheidendes Argument gegen die Erweiterung des Artikels 35 ist, dass sich militärische Mittel grundlegend von polizeilichen Mitteln unterscheiden. Sie sind nicht darauf angelegt, Unbeteiligte unter allen Umständen zu schützen – wie die Polizei es tut. Zu militärischen Mitteln gehören auch Vernichtungswaffen. Sollte die Bundesregierung mit Raketen von See her oder aus der Luft angegriffen werden, kommen zur Verteidigung Waffen zum Einsatz, die Unbeteiligte nicht schonen. Terrorbekämpfung, und um die handelt es sich ja wohl, wird so zum Krieg, unter anderem mit Raketen. Es kommt zu einem Verteidigungsfall besonderer Art – ein Fremdkörper im Grundgesetz. Dieses sieht für den klassischen Verteidigungsfall präzise Regelungen vor, beispielsweise die Entscheidungsbefugnis des Parlaments und die Befehlsgewalt des Bundeskanzlers.

»Die neue Vorschrift regelt kaum das ›Ob‹ und gar nicht das ›Wie‹ eines Bundeswehreinsatzes«, kommentiert kritisch Burkhard Hirsch die geplante Grundgesetzänderung. »Sie ist eine Ermächtigung. Die Bundeswehr soll handeln können, ohne an lästige, detaillierte gesetzliche Bestimmungen gebunden zu sein. Während die Polizei an das Polizeirecht gebunden ist, das exakt bestimmt, welche Mittel die Polizei einsetzen und wann sie von der Schusswaffe als letztem Mittel Gebrauch machen darf, gibt es solche eindeutigen Bestimmungen für Kampfeinsätze der Bundeswehr im Inland nicht.«

Unterstützung für seine Pläne findet Schäuble bei pessimistischen Geistern wie dem ehemaligen Harvard-Professor Michael Ignatieff. Der Verfasser der 2005 in Deutschland erschienenen Streitschrift »Das kleinere Übel« warnt alle liberalen Demokratien davor, sich im Kampf gegen das Böse auf ihre bewährten Methoden zu verlassen. »Besitzen die Terroristen chemische, radiologische, bakteriologische oder Kernwaffen, müssen sie nur einmal erfolgreich sein«, menetekelt Ignatieff unheilvoll. Da ist sie schon wieder, die Lust am größtmöglichen angenommenen Schrecken.

Die Verfassungsänderung steht zurzeit nicht mehr auf der Tagesordnung. Es gab Widerstand in der SPD-Fraktion. Entscheidend war aber, dass die FDP unmissverständlich erklärt hatte, sie stehe mit ihrer Beteiligung an fünf Landesregierungen für die Zustimmung im Bundesrat nicht zur Verfügung. Die Union wird das Thema sicher erneut ins Spiel bringen. Die Diskussion über den Einsatz der Bundeswehr im Inneren wird uns weiter begleiten.

Mit den Überlegungen zur Einführung eines Kriegsrechts im Inneren und den daraus folgenden neuen Aufgaben der Bundeswehr im Inland orientiert sich Bundesinnenminister Schäuble eindeutig am amerikanischen Vorbild des ehemaligen Präsidenten Bush und dessen »War on Terror«. Deutschlands »dritte Spur«, also die Regelungen für den Rechtsraum, in dem die Polizei nicht mehr und das Militär noch nicht zuständig ist, beginnt mit der vorgesehenen Verfassungsänderung von Artikel 35 des Grundgesetzes.

Das Feindstrafrecht –
eine Gebrauchsanweisung für die »dritte Spur«?

Die Forderung, äußere und innere Sicherheit nicht mehr strikt zu unterscheiden, wird gestärkt durch Forderungen deutscher Juristen, der deutsche Staat müsse im Überlebenskampf mit seinen terroristischen Feinden in der Lage sein, rechtsstaatliche Bindungen notfalls in Teilbereichen auszusetzen oder im Einzelfall zu durchbrechen. Im Hinblick auf das Strafrecht sind solche Überlegungen vom Bonner Juristen Günther Jakobs angestellt worden, der dafür die neue Kategorie eines »Feindstrafrechts« eingeführt hat.

Jakobs unterscheidet systematisch zwischen »Bürgerstrafrecht« und »Feindstrafrecht«. Seiner Meinung nach werden im Rahmen des Bürgerstrafrechts Täter bzw. Beschuldigte grundsätzlich als Mitglieder der Rechtsgemeinschaft angesehen und mit den Mitteln des Strafrechts bekämpft. Im Feindstrafrecht hingegen werde für eine bestimmte Gruppe von Menschen die Behandlung als Rechtspersonen außer Kraft gesetzt, und zwar dann, wenn diese Menschen sich derart fundamental gegen die Rechtsordnung stellen, dass mit ihnen grundsätzlich keine rechtliche Gemeinschaft möglich sei. Unnötig zu erklären, dass er hierunter auch den Typus »Terrorist« fasst, dessen Angriff er wiederum als Ausnahmezustand definiert. Vor diesem Gesetz des Feindstrafrechts wären demnach nicht mehr alle gleich. Es gäbe quasi legale und illegale Verbrecher.

»Der Begriff des Feindstrafrechts erinnert nicht zufällig an die Kategorie des ›unlawful enemy combatant‹, die die US-Administration unter Präsident George W. Bush für die Internierten in Guantanamo Bay geprägt hatte, um ihnen sowohl den völkerrechtlichen Status von Kriegsgefangenen abzusprechen als auch den Schutz des Strafrechts bzw. des Strafprozessrechts vorzuenthalten und sie damit de facto außerhalb des Rechts zu stellen«, ordnet der Kulturwissenschaftler und Menschenrechtsexperte Heiner Bielefeldt Jakobs' Kategorisierung ein.

Tatsächlich, so Bielefeldt weiter, mache sich Jakobs dafür stark, Terroristen und andere fundamentale Staatsgegner nicht mit Mitteln des Strafrechts zu bekämpfen, weil dadurch »dem Staat eine Bindung auferlegt wird – eben die Notwendigkeit, den Täter als Person zu respektieren –, die gegenüber einem Terroristen, der die Erwartung generell personalen Verhaltens gerade nicht rechtfertigt, schlechthin unangemessen ist«. Während im Bürgerstrafrecht sowohl der mutmaßliche als auch der verurteilte Täter rechtlich als »Person« anerkannt sind, spricht Jakobs ihnen diesen Status ab. Er will Menschenrechte und Rechtsstaatlichkeit ins Belieben des Staates setzen.

Mit der gegenwärtigen Argumentation stellen Jakobs und andere, die von der Linie des absoluten Schutzes der Menschenwürde abweichen, nicht die Grundordnung insgesamt, aber fundamentale Grundrechtspositionen infrage. Sie wollen das Prinzip der Menschenwürde von der jeweiligen Situation abhängig machen, sie wollen sich also für den Ernstfall die Hintertür der Differenzierung und der Abwägung offen lassen. Aber diese Hintertür ist in unserer Verfassung und in den Grundrechten nicht vorgesehen.

Dazu sagt Burkhard Hirsch: »Die Verfolgung terroristischer Täter ist kein Krieg. Terroristen sind keine Soldaten, sondern Verbrecher.« Infolgedessen sind sie auch nicht wie Kriegsgegner, sondern wie Kriminelle zu behandeln – nicht nach Kriegs-, sondern nach Strafrecht. »Wer Notstand predigt, wird Krieg ernten. Innere Sicherheit ist kein Selbstzweck. Sie muss dem inneren Frieden einer Gesellschaft dienen und nicht dazu, sie in einen permanenten Ausnahmezustand zu versetzen«, so Hirsch weiter. Angesichts der aktuellen Debatte zur Rolle der Bundeswehr als Nothelfer im Inneren müsse man »mit großem Bedauern zur Kenntnis nehmen, dass der Bundesinnenminister offenbar nicht mehr die Nervenkraft hat, die Verfassung zu verteidigen«. Terrorismus sei immer auch ein Angriff auf die Volksseele, die unbändige Zerstörungswut des Terrors berge immer auch die Einladung zur Selbstzerstörung. Burkhard Hirsch führt weiter aus: »Wir wissen, dass es Terrorismus gibt. Aber wir verlieren deswegen nicht die Fassung. Wir sollten auch nicht bereit sein, seinetwegen unsere Verfassung zu verlieren.«

Es erweist sich also: Alle Bemühungen, eine dritte Spur, einen dritten Weg zu definieren, sind bisher fehlgeschlagen.

Keine Tötung unschuldiger Menschen: Das Aus für das Luftsicherheitsgesetz

Einen unmittelbaren Bezug zu diesem Thema hat auch die Debatte über das »Luftsicherheitsgesetz«. Die Bundesregierung hatte im Jahre 2005 den Versuch unternommen, eine gesetzliche Grundlage für den Einsatz der Bundeswehr im Inland zu schaffen. Als Reaktion auf die Terroranschläge von New York legte die rot-grüne Bundesregierung unter der Regie des damaligen Bundesinnenministers Otto Schily das Luftsicherheitsgesetz vor. Es sollte Flugzeugentführungen und Attentate aus der Luft verhindern. Als äußerste Maßnahme erlaubt das Gesetz »eine unmittelbare Einwirkung mit Waffengewalt« ge-

gen ein Flugzeug, »wenn nach den Umständen davon auszugehen ist, dass das Luftfahrzeug gegen das Leben von
Menschen eingesetzt werden soll« und diese Maßnahme »das
einzige Mittel zur Abwehr dieser gegenwärtigen Gefahr ist«.

Würden also Terroristen im deutschen Luftraum ein Passa-
gierflugzeug entführen mit der anscheinenden Absicht, es nach
Manier der Al-Qaida-Attentäter zu einer Art fliegenden Bombe
auf eine Einrichtung in Deutschland zu machen, dürften Phan-
tom-Jäger der Bundeswehr sich auf die Luftjagd nach diesem
Terrorobjekt machen. Sie dürften versuchen, die verdächtige
Maschine von ihrem mutmaßlichen Terrorkurs abzubringen.
Sie dürften Warnschüsse aus der Bordkanone abfeuern. Und
sie dürften, falls nun immer noch kein Zeichen von Einsicht
zu sehen ist, die Luft-Luft-Raketen, die sich unter ihren Trag-
flächen befinden, gezielt auf das fehlgesteuerte Flugzeug und
seine Insassen abfeuern.

Im Klartext: Das Luftsicherheitsgesetz erlaubte den Todes-
schuss auf Passagier-Jets. Es berechtigte den Rechtsstaat des
Grundgesetzes, im Kampf gegen den Terror zu kriegerischen
Mitteln mit garantierten »Kollateralschäden« zu greifen. Das
Luftsicherheitsgesetz sollte der Türöffner für das Kriegsrecht
im Inneren sein.

Die scheinbare Allmacht des Terrors nach dem 11. September
2001 begünstigte den zum Äußersten entschlossenen Innenminister Otto Schily und seine forschen Pläne zur Sicherung
des Luftraums über Deutschland. Forciert wurden sie zusätzlich durch ein Anfang 2003 bewusst fehlgeleitetes Klein-
flugzeug über dem Bankenviertel von Frankfurt: Der offenbar
verwirrte Pilot hatte gedroht, den zuvor entwendeten Motor-
segler in eines der Hochhäuser zu steuern.

Da schien Eile geboten für klare Regelungen: 2005 trat das
Luftsicherheitsgesetz in Kraft – mit ihm die Erlaubnis zum Abschuss von unschuldigen Menschen.

»Dieses Gesetz ist die Einführung des finalen Rettungstod-
schlags. Der Staat gibt sich das Recht, die Opfer einer Straftat
zu töten, wenn der Verteidigungsminister meint, dass dies für

139

alle besser sei«, kommentierte Burkhard Hirsch. Unter seiner Federführung haben wir – neben Hirsch und mir noch vier andere Personen – gegen das Luftsicherheitsgesetz Verfassungsbeschwerde eingelegt.

Die Begründung unserer Beschwerde beginnt wie folgt: »Durch das angefochtene Gesetz soll dem Staat erlaubt werden, vorsätzlich Menschen zu töten, die nicht Täter, sondern Opfer eines Verbrechens geworden sind ... Die entführten Passagiere und die anderen an der Entführung nicht beteiligten Opfer des herbeigeführten Absturzes sind nur noch Objekte staatlichen Handelns ...«

Das Urteil der Karlsruher Richter ist an Deutlichkeit nicht zu überbieten. Mit einem klaren »Nein« beendeten sie die Debatte, ob auf der geltenden Rechtsgrundlage die Bundeswehr zum Schutz der inneren Sicherheit eingesetzt werden kann. Das Urteil stellt klar, dass »unter der Geltung des Artikel 1 Abs. 1 GG es schlechterdings unvorstellbar ist, auf der Grundlage einer gesetzlichen Ermächtigung unschuldige Menschen, die sich wie die Besatzung und die Passagiere eines entführten Luftfahrzeugs in einer für sie hoffnungslosen Lage befinden, sogar ggf. unter Inkaufnahme von Unwägbarkeiten (einer unsicheren Prognose) vorsätzlich zu töten«.

Das Urteil bezieht sich auf das Grundrecht auf Leben und auf die Garantie der Menschenwürde. Nach Ansicht des Gerichtes ist es absolut unzulässig – bei welcher Gelegenheit auch immer –, menschliches Leben nach Zahl oder vermutlicher Lebensdauer opportunistisch gegen das Leben anderer möglicherweise gefährdeter Menschen abzuwägen. Auch das möglicherweise todgeweihte Leben ist geschützt. Es gibt keinen Aufopferungsanspruch des Staates gegenüber seinen Bürgern. Unser Recht kennt bisher keine Situation, in der zur Abwehr einer Gefahr bewusst unschuldige Menschen getötet werden können. Auch mit einer möglichen Grundgesetzänderung zum Einsatz der Bundeswehr im Inneren würden diese Schranken des Gerichts nicht beiseitegeräumt. Die Tötung unbeteiligter Passagiere ist unter allen Umständen grundgesetzwidrig.

Abfangjäger rund um die Uhr startbereit

Neben der juristischen Problematik hat vor dem Verfassungs-
gericht auch die Prognoseunsicherheit eine große Rolle ge-
spielt. Weiß man denn, ob es sich wirklich um ein gekapertes
Flugzeug handelt? In die Vorbereitungen unserer Beschwerde
sind auch Zahlen des »Silura« eingeflossen, des »Nationalen
Lage- und Führungszentrums Sicherheit im Luftraum«, einer
Einrichtung der Nato in Deutschland, genauer, in dem kleinen
Dörfchen Uedem am Niederrhein.

Tag für Tag, rund um die Uhr beobachten dort Beamte der
Polizei und der Bundeswehr jede Flugbewegung am Himmel
über der Nordsee bis zum Baltikum. Linienmaschinen der großen Fluggesellschaften erscheinen dort ebenso wie das Flugzeug der Bundeskanzlerin. Und auch sogenannte irreguläre
Flüge sind zu sehen. Die Zahl dieser Fälle ist erstaunlich groß –
mit etwa drei pro Monat. Die Flugsicherung meldet vorsorg-
lich jede Abweichung eines Flugzeuges von der angemeldeten
Route oder den Abbruch des Funkkontakts. Dann steigen Ab-
fangjäger zu einem solchen Zivilflugzeug auf, »um den Luftraum zu sichern«.

Zu erinnern ist in diesem Zusammenhang auch an jenes
Flugzeug, das sich während der Abschlussfeier der Olympischen Spiele 1972 der Stadt München näherte und ebenfalls
als irregulärer Flug auf den Radarschirmen der Luftsicherheit
erschien. Der damalige Verteidigungsminister Leber hatte in
hektischen Beratungen zu entscheiden, ob man gegen das
Flugzeug vorgehen solle, falls dies tatsächlich überhaupt noch
möglich gewesen wäre. Schließlich stellte sich heraus, dass es
sich bei der Maschine um ein Flugzeug der Finnair handelte,
mit mehr als 150 Passagieren an Bord, und dass von der Maschine keine Bedrohung ausging. Angesichts der nur wenige
Tage zuvor verübten Attentate auf die israelische Mannschaft
im Olympischen Dorf waren die Nervosität und die erhöhte
Terrorangst nur zu verständlich. Die Begebenheit zeigt, wie
schwer es im Ernstfall ist, zu einem verantwortungsbewussten

Ergebnis zu kommen. Eines ist bei einem Abschuss ebenfalls absolut sicher: Es werden nicht nur die Insassen getötet, sondern die abstürzende Maschine wird auch am Boden Schaden anrichten.

In diesem Münchner Fall erwies sich die Terrorwarnung als unbegründet. Wenn aber doch einmal ein Flugzeug gekapert würde: Wie erfährt man, welches Ziel die Täter haben und wie groß das Gefahrenpotenzial ist?

Anders stellt sich die Situation dar, wenn klar ist, dass sich an Bord eines Flugzeuges nur die Täter befinden. Sie sind nicht in gleicher Weise geschützt. Aber auch in diesem Falle ist zu berücksichtigen, welchen Schaden am Boden der Abschuss möglicherweise anrichtet. Ganz abgesehen davon ist die Zeit für eine so folgenreiche Entscheidung immer außerordentlich kurz – in den meisten Fällen zu kurz. Es wird also meist gar nicht dazu kommen können, wie selbst der damalige Innenminister Schily bei der Anhörung vor dem Verfassungsgericht andeutete.

Die Diskussion über den Umgang mit gekaperten Flugzeugen wird immer wieder durch die Macht der Fernsehbilder vom Angriff auf die Zwillingstürme des World Trade Centers beeinflusst, die jedermann auch Jahre danach noch vor Augen hat. Die Zahl von 3000 Toten binnen weniger Stunden lässt auch heute noch die Frage aufkommen, ob diese Anschläge nicht durch einen vorzeitigen Abschuss der Todesmaschinen vermeidbar gewesen wären. Solche Erörterungen berücksichtigen nicht, welchen Schaden ein Abschuss dieser Flugzeuge vor Erreichung ihres Ziels in New York möglicherweise angerichtet hätte – wenn er denn überhaupt rechtzeitig möglich gewesen wäre. Auch hier stellt sich das Dilemma, Tote gegen Tote abwägen zu müssen – das Dilemma, dem das Bundesverfassungsgericht mit einem klaren Nein begegnet ist.

Das Fazit ist eindeutig: Nichts und niemand kann die Tötung unschuldiger Menschen durch staatliches Handeln rechtfertigen. Eine solche Situation bleibt immer ein verbotener Grundrechtseingriff. Mit der strafrechtlichen Würdigung einer solchen Entscheidung beschäftigen sich die Verfassungsrichter bewusst nicht. Was weiterhin bleibt, ist die Last des Gewissens, wenn der Verantwortliche glaubt, die rote Linie überschreiten zu müssen. Ein Handeln mindert möglicherweise seine Schuld, bleibt aber immer rechtswidrig. Menschen dürfen eben nicht als Mittel zum Zweck verwendet werden. Sie dürfen nicht als bloße Sachen behandelt werden, deren Personenwürde zur Disposition steht. Heribert Prantl hat das Dilemma so beschrieben: »Das Recht braucht dem Unrecht nicht zu weichen – aber es darf sich dabei nicht selbst in Unrecht verwandeln.«

Ein Fall für das Kriegsvölkerrecht?

Trotz des eindeutigen Urteils des Bundesverfassungsgerichts ist das Kapitel Luftsicherheitsgesetz noch nicht geschlossen. Sowohl Bundesinnenminister Schäuble wie auch Verteidigungsminister Franz Josef Jung haben offen erklärt, sich dem Urteil nicht unterwerfen zu wollen. Nach Ansicht von Schäuble soll die Entführung eines Flugzeugs durch Terroristen künftig wie ein Verteidigungsfall interpretiert werden. In diesem Falle sollen die Regeln des Kriegsvölkerrechts gelten. Damit wird Terrorismusbekämpfung zum Krieg. Schäuble denkt in den Kategorien des Krieges.

Verteidigungsminister Jung ist noch weiter gegangen. Er erklärte, er würde trotz des ausdrücklichen Urteils den Abschuss eines mit unschuldigen Passagieren besetzten Passagierflugzeugs »befehlen«. Er habe mit der Luftwaffenführung festgelegt, dass dafür nur solche Piloten eingesetzt würden, die bereit seien, den Befehl auszuführen. Damit missachtet ein Mitglied des Verfassungsorgans Bundesregierung öffentlich eine verbindliche Entscheidung des Verfassungsorgans Bundesverfassungsgericht und kündigt an, eine Straftat zu begehen, nämlich die vorsätzliche rechtswidrige Tötung einer unbestimmten Zahl unschuldiger Bürger – auf die Vermutung hin, dass das entschuldbar sei.

Das von Schäuble und Jung immer wieder herangezogene Selbstverteidigungsrecht nach der UN-Charta und der von der Nato ausgerufene Bündnisfall ändern nichts daran, dass die Streitkräfte im Inland und eben auch die Bundesminister an unsere Verfassung gebunden sind. Sie kann nicht außer Kraft gesetzt werden.

Die konservative »Frankfurter Allgemeine Zeitung« (FAZ) kritisiert die für das Gesetz verantwortliche rot-grüne Bundesregierung. Diese hatte allerdings in der Hauptsache, um die es hier geht, die Zustimmung der CDU/CSU-Opposition; die FDP hatte das Gesetz abgelehnt. Die »FAZ« schreibt: »Ein so vernichtendes höchstrichterliches Urteil können eine Regierung, die ein solch falsches Gesetz entworfen, und eine Parlamentsmehrheit, die ein solch falsches Gesetz verabschiedet hat, politisch nicht überstehen. Selbst der Bundespräsident, der das Gesetz – dennoch – ausgefertigt hat, kommt aus der Sache nur deswegen unbeschadet heraus, weil er seine rechtlichen Einwände damals punktgenau formuliert und damit die Überprüfung in Karlsruhe gefördert hat.«

Kritiker, die meinen, der Rechtsstaat könnte sich im terroristischen Bedrohungsfall nur selbst behaupten, wenn er sich vorübergehend nicht mehr an seine eigenen Grundlagen gebunden fühlt, reden sich in einen Ausnahmezustand hinein, der nur ihrer Meinung nach die Aufhebung rechtsstaatlicher Regeln rechtfertigt. Zum Glück aber nicht nach Meinung des Bundesverfassungsgerichts.

Eines machen die Überlegungen der Bundesregierung zur Ausweitung der Sicherheitsgesetzgebung erneut klar: Die größte Wirkung, die Terroristen »mit ihren Höllenmaschinen und ihren grausamen Anschlägen erzielen, werden nicht Leid und Tod sein«, wie der amerikanische Philosoph und Literaturwissenschaftler Richard Rorty während einer Tagung über »Terror, internationales Recht und die Grenzen der Demokratie« im Jahre 2004 im Einstein-Forum Potsdam prophezeite. Die größte Wirkung, warnte Rorty weiter, werde von den Maßnahmen ausgehen, mit denen westliche Regierungen auf den

Terror reagieren. Er äußerte die Befürchtung, dass »der Krieg gegen den Terror potenziell gefährlicher ist als der Terrorismus selbst«.

8 »Denk ich an Deutschland ...«
Die Freiheit in Kunst und Presse

Die deutschen Zensoren -
- -
- -
- -
- -
- -
- - - - - - - - - - - - - - - - - *Dummköpfe* - - - - - - - - - -
- -
- -
- -
- - - - - - - - - - - - - - - - -

(aus: Heinrich Heine, Reisebilder, Teil II: Ideen.
Buch Le Grand, Kapitel XII)

Trefflicher – und treffender – konnte der Literat Heinrich Heine im Jahre 1826 seine Erfahrung mit der Schere des Zensors nicht darstellen: Das zwölfte Kapitel seiner »Ideen. Buch Le Grand« im zweiten Teil der »Reisebilder« besteht aus nur vier Worten – und vielen Strichen. Genauer: Streichungen. Denn mit solchen Strichen merzte die zu Heines Zeit im preußischen Staat übliche Zensur ihr und der Obrigkeit unliebsame Inhalte aus Texten, die veröffentlicht werden sollten. Simples Gebot jeder Zensur: Was gestrichen ist, wird nicht gedruckt.

Doch ein Heine lässt sich nicht den Mund verbieten. Und nicht das Schreiben. Derart in seinem Schaffen und seiner Existenz als Schriftsteller bedroht, dreht er den Spieß um und greift zu seinen stärksten Waffen, der Feder und dem messerscharfen Witz. Ergebnis: Eben jenes Vier-Wort-Kapitel, das mit dem Mittel der Auslassung spielt und doch alles sagt. Heine wertet das Werk der Zensur als Akt des Ungenügens und der Zerstörung, von dem nichts bleibt als Wortruinen, die nur noch den einen Sinn ergeben: die, die sie derart verunstaltet haben, selbst zu verunstalten, der Lächerlichkeit preiszugeben. Im Subtext dieser ironischen Miniatur demonstriert er die Machtlosigkeit der Mächtigen und die Macht des Künstlers, und sei es nur für diesen Moment. Heines Parodie wird zur treffsicheren Parade auf den Angriff der Zensoren – et touché!

Auch wenn Heine zeit seines Lebens prominentes Opfer der Zensur bleiben sollte, in dieser brillanten Wortkarikatur erobert er sich seine künstlerische Freiheit zurück. Freiheit der Kunst fällt bei diesem Autor in eins mit einer großen Kunst der Freiheit, die seine Sprache immer hat.

Kunst ist Ort der Demokratie

Heute ist die künstlerische Freiheit per Verfassung garantiert. »Kunst, Wissenschaft, Forschung und Lehre sind frei«, heißt es im dritten Absatz von Artikel 5 des Grundgesetzes. Die Freiheit der Kunst ist anders als die Meinungsfreiheit im Grundgesetz keinen Schranken, etwa durch bestehende Gesetze, unterworfen. Auch dieses Grundrecht resultiert ganz unmittelbar aus der Erfahrung der Nazi-Zeit. Nie wieder sollte der Staat sich anmaßen dürfen, Kunst als würdig oder als nicht würdig zu beurteilen. Nie wieder sollten Kunstwerke als »entartet« verboten werden, Künstler verfolgt und ihrer Heimat vertrieben werden können. Nie sollten sich Bücherverbrennungen wiederholen, jene kultur- und menschenverachtenden Akte, die im unmittelbaren historischen Rückblick aus dem Jahre 1949 nur der Beginn einer Kette brauner Gräuel waren – wie Heinrich Heine, dessen Werk ebenfalls unter dem Hakenkreuz in Flammen aufging, schon 1822 in seinem Theaterstück »Almansor« geradezu seherisch gedichtet hatte: »Das war ein Vorspiel nur, dort wo man Bücher verbrennt, verbrennt man auch am Ende Menschen.«

Im Sinne dieses »nie wieder« ist die Kunst in der Verfassung der Bundesrepublik als Grundrecht geschützt.

Nun spielt die Kunst wie auch das Grundrecht der Kunstfreiheit in diesem Buch eine gewisse Sonderrolle. Denn wie sehr eine Gesellschaft ihre kreative Elite schützt und ihr einen Versuchsraum zur freien Entfaltung und zum freien Wirken zubilligt, hat mit dem Thema Terrorabwehr und innere Sicherheit verhältnismäßig wenig zu tun – auf den ersten Blick.

Jedoch: Die Art und Weise, wie achtsam eine Gesellschaft mit Freiheit und Kreativität ihrer Kunst und Künstler umgeht, ist Maßstab für ihr inneres Erwachsensein. Anders gesagt: Die kulturpolitische Verortung von Kunst und die Erwartung an ihre Rolle und Möglichkeiten spiegeln immer, wie souverän diese Gesellschaft mit den Themen Risiko und Sicherheit umzugehen weiß. Freie Kunst ist immer auch Ausdruck einer lebendigen Demokratie.

Ob Heine oder zahllose bekannte und weniger bekannte Dichter, Musiker, Maler, Bildhauer – Künstler wie Künstlerinnen früherer und späterer Generationen eint gleichermaßen, das darf man wohl bei aller Unterschiedlichkeit der jeweiligen Ausdrucksweisen feststellen, ein künstlerischer Antrieb, ein kreativer Impetus, eine Absicht: sich mit Wirklichkeit auseinanderzusetzen, mit künstlerischen Mitteln Wirklichkeit zu beschreiben, abzubilden oder zu erweitern, das subjektiv Ästhetische oder bewusst Unästhetische vorzuführen, zu spiegeln, zu reflektieren. Und auf diese Weise dem Publikum, Lesern, Zuhörern oder Zuschauern, Information und Material zur weiteren Gestaltung und Verarbeitung zu geben: Denkanstöße zum Augenöffnen, Anregung zum Hinterfragen und Weiterdenken.

Kunst ist also ganz grundsätzlich, womöglich existenziell zu verstehen als geistige Nahrung, die emotional, intellektuell zur Entwicklung des Individuums, zur Bildung seiner Persönlichkeit, mithin zur Entwicklung einer Gemeinschaft oder, politisch gesprochen, demokratischen Gesellschaft beiträgt.

»Demokratie scheint mir nur dort liebenswürdig, lebenswürdig, verteidigungswürdig und so auch für die Gemeinschaft positiv vermittelbar zu sein, wo ein wie auch immer gegründetes Gemeinschaftsbewusstsein sich verbindet mit dem Gedanken an unsere Geistfähigkeit, unsere Reflexionsfähigkeit, unsere Öffnungsfähigkeit, auch an unsere ästhetische Abenteuerbereitschaft.« Mit diesen Worten spannt der von mir hochverehrte Komponist Helmut Lachenmann einen gedanklichen Bogen zwischen der Kunst und ihrer Bedeutung für die Demokratie.

Er fährt fort: »Kunst appelliert in ihren intensivsten Ausprägungen an jene Geistfähigkeit des Menschen, ohne welche die Demokratie als manipulierbar suspekt bleiben wird. Dabei sehe ich keine andere ernst zu nehmende Möglichkeit für die Kunst, auf den Menschen bzw. auf die Gesellschaft einzuwirken, als diejenige, durch die Radikalität ihrer geistgeladenen Sinnlichkeit den Menschen an seine Bestimmung als geistfähiges Wesen zu erinnern, zu gemahnen, sodass er von dort her sich und seine Wirklichkeit reflektiert.«

Was die Wirkung des Kreativen angeht, da unterscheidet der Musiker Lachenmann übrigens fein zwischen Kunst-Produzent und Kunst-Werk: »Der Kunstschaffende hat nichts zu sagen, sondern er hat: zu schaffen. Und das Geschaffene wird mehr sagen, als der Schaffende ahnt.«

Programmatisch zusammengefasst führt Helmut Lachenmanns Kunsttheorie zu der Formel: Kunst ist Maßstab für Demokratiebewusstsein. Noch kürzer: Kunst ist Ort für Demokratie. Den facettenreichen Beleg für diesen Satz und seine Bedeutung liefert der Konzeptkünstler Jochen Gerz. Im Jahre 2005 schuf er für die Stadt Karlsruhe den »Platz der Grundrechte«. Das Kunstwerk stellt sich der sperrigen Frage »Was bedeuten Recht und Gerechtigkeit für den Einzelnen, was für unsere Demokratie?« Gerz, Jahrgang 1940, bat Juristen, Wissenschaftler, Intellektuelle sowie verschiedene Bürger der Stadt um ihre Antworten, verarbeitete diese künstlerisch zu fahnenartigen Schildern und platzierte diese auf Plätzen und Straßen der badischen Metropole. Der öffentliche Raum inmitten der Stadt interpretiert nun das Image der »Hauptstadt des Rechts«, das Karlsruhe gern für sich selbst reklamiert, und zwar aus Sicht der Bürger. Er macht die Partizipation der Bürgerinnen und Bürger, ihre Nähe zu Recht und Unrecht erlebbar – ihre Teilhabe ebenso wie ihre Nicht-Teilhabe an jenem Recht, das ganz unmittelbar zu ihrem Schutz gemacht und praktiziert wird.

Die Kunst ist frei. Darf sie deshalb alles?

Nur Gesellschaften, die ihren Künstlern und ihrer Kunst die Freiheit garantieren und sie verteidigen, sind bereit zu innerem Wachstum. Nur sie bevorraten sich mit alternativen Möglichkeiten des Denkens, neuer Sichtweisen auf die Wirklichkeit, der Welt- und Selbstbeschreibung. Der Kunst Freiheitsrechte zu geben bedeutet für eine Gesellschaft aber auch, sich der Malerei, der Musik, der Literatur, der Idee, die vor allem in der Kunst des 21. Jahrhunderts zum Kern künstlerischer Arbeit geworden ist, diesen verschiedensten künstlerischen Ausdrucksarten gegenüber risikobereit zu zeigen. »Was die Kunst einzig und allein braucht, ist Material – Freiheit braucht sie nicht, sie ist Freiheit. Sie ist die einzig erkennbare Form der Freiheit auf dieser Erde«, sagte einmal provokant zugespitzt Heinrich Böll. Für ein wie auch immer geartetes Publikum von Kunst bedeutet diese These: Man muss damit rechnen, an der zur Freiheit gewordenen Kunst zu leiden; man ist nicht sicher vor Ablehnung und Auflehnung. Der bevorzugte Aufenthaltsort des Künstlers ist nun einmal häufig die Gegenposition.
    Insoweit wiederholt sich hier, weitaus konzentrierter, eine

Gedankenfigur, der wir zuvor schon im Zusammenhang mit Fragen der inneren Sicherheit begegnet sind: Zu schützen ist die Freiheit zur Kunst, nicht jedoch die Freiheit von der Kunst im Sinne eines Sicherseins vor ihr. Das macht jede Intervention, jede Einschränkung künstlerischer Freiheit in besonderer Weise begründungspflichtig: zu einem Akt, der gewissermaßen nur als Notfall durchgehen darf.

Nach so viel Plädoyer für die Notwendigkeit ihrer grundgesetzlich garantierten Freiheit könnte man also fast meinen, die Kunst dürfe alles. Es gebe nicht nur keine Grenzen für die Ausdrucksweise, Inhalte und Botschaften künstlerischen Schaffens, nein, es sei eben gerade die Aufgabe von Kunst, Grenzen des Denkens und Handelns auszuloten, sich ihrer zu versichern, sie prüfend infrage zu stellen, sie neu zu justieren, zu erweitern, zu überschreiten. Unbedingte Freiheit also.

Nun zeigt uns aber der Kunstbetrieb selbst, der solchermaßen nach Freiheit drängt, dass zu jedem Entgrenzungsversuch die Begrenzungskräfte gehören. Für die Auslotung dieses Kräfteverhältnisses muss sich »die Kunst« einige notwendige Fragen gefallen lassen:

- Darf etwa Charles Manson, Ende der 60er-Jahre umstrittene Kultfigur der amerikanischen Hippie-Bewegung und Anführer der sektenartigen »Manson-Family«, der wegen des bestialischen Mordes an der hochschwangeren Schauspielerin Sharon Tate und sechs weiteren Menschen inhaftiert ist, zum Titel-Geber einer Kunstausstellung (»Man Son«, Kunsthalle Hamburg, 30. 01.–26. 04. 09) werden, die sich mit dem »Schrecken der Situation«, dem Reiz des Schmerzes und des Extremen in der Kunst auseinandersetzt?
- Wie weit kann, wie weit darf Kunst sich dem Thema Gewalt und Verbrechen nähern?
- Kann die Abbildung von Gewalt in der Kunst die Menschenwürde auch dann verletzen, wenn sich die dargestellten Brutalitäten nicht gegen Menschen, sondern

gegen menschenähnliche Wesen, beispielsweise Zombies richten? Das Bundesverfassungsgericht hat diese Frage sehr eindeutig beantwortet, indem es 1992 in seiner sogenannten Zombie-Entscheidung das Verbot eines »Splatter-Movies« aufhob. »Gewalttätigkeit in Filmen verletzt für sich genommen die Menschenwürde nicht«, stellte das Gericht unmissverständlich fest. Es fehlten Feststellungen, »dass der Betrachter zur bejahenden Anteilnahme an den Schreckensszenen angeregt wird«. Grundsätzlich argumentierten die Richter: »Wenn der Gesetzgeber die filmische Darstellung von Gewalt gegen … Zombies hätte unter Strafe stellen wollen, hätte er dies im Wortlaut der Vorschrift zum Ausdruck bringen müssen.« Eine beachtenswerte Entscheidung zu § 131 des Strafgesetzbuches – im Urteil »Vorschrift« genannt –, der sich unter anderem mit Gewaltverherrlichung befasst.

– Verstößt die unter Berufung auf die Freiheit von Wissenschaft und Kunst inszenierte Leichen- und Leistungsschau »Körperwelten« des Anatomen Gunther von Hagens gegen die Menschenwürde?

– Soll der Konzeptkünstler Gregor Schneider einen Sterbenden im Museum ausstellen dürfen?

– Ist Jeff Koons' 1990 mal als touristisches Glasobjekt, mal als Holzschnitzerei in Lebensgröße verewigter Koitus mit seiner damaligen Gattin Ilona »Cicciolina« Staller ein Fall für den Ritterschlag zum Museumsobjekt oder ein platter Versuch von autobiografischer Pornografie?

– Auch wenn es sich um einen Grenzbereich zwischen Kunst- und Pressefreiheit handelt: Darf eine dänische Zeitung, dürfen andere Medien in Europa Karikaturen abdrucken, die den Propheten und islamischen Religionsstifter Mohammed zum Gegenstand haben? Aber auch anders herum: Sollte eine Zeitung mit Rücksicht auf vermutlich großen Ärger, womöglich schwerwiegende politische Folgen tatsächlich darauf verzichten?

– Wie geht man mit der Äußerung des Komponisten Karlheinz Stockhausen um, der Terroranschlag am 11. September 2001 sei »das größte Kunstwerk, das es je gegeben hat ... Manche Künstler versuchen doch auch über die Grenze des überhaupt Denkbaren und Möglichen zu gehen, damit wir wach werden, damit wir uns für eine andere Welt öffnen.«

Das sind Fragen, die sich an den Grenzen der Freiheit der Kunst bewegen.

Fragen, die, da alle genannten Fälle sich in der jüngeren Zeit tatsächlich ereignet haben, öffentlich und zum Teil hoch emotional und kontrovers diskutiert worden sind. Nicht zuletzt deshalb, weil viele zeitgenössische Kunst-Projekte Provokation und Verstörung erzeugen.

Man kann freilich die Fragen nach den Grenzen von Kunst nicht nicht stellen.

Rechtlich relevant allerdings werden solche Fragen, wenn Kunst die Grundrechte anderer Menschen verletzt. Etwa die Persönlichkeitsrechte.

Fühlt sich ein Einzelner durch ein Kunstwerk in seinen Grundrechten verletzt, müssen Juristen, müssen Gerichte entscheiden, welches Grundrecht höher zu bewerten ist. Ob im Zweifelsfall der Schutz der Persönlichkeit gewichtiger ist als die Freiheit der Kunst. Vor diesem Hintergrund sind beispielsweise Bundesverfassungsgerichts-Entscheidungen wie das Mephisto-Urteil von 1971 zu sehen, das auf Betreiben von Gustaf Gründgens' Adoptivsohn zum Verbot des Klaus-Mann-Romans »Mephisto« führte

Wir halten hier also fest: Die Kunst darf fast alles. Sie mit Hinweis auf andere, konkurrierende Grundrechte in ihrer Freiheit einzuschränken ist immer in besonderer Weise begründungspflichtig.

Die immer gleiche Frage nach dem Wert der Kunst

Rechtlich relevant wird ihre Freiheit noch in einem anderen Licht, für das eingangs dieses Kapitels Heinrich Heine beredt – gerade weil so wortkarg – Zeugnis gab. Wenn nämlich Autoritäten sich anmaßen, Kunst zu reglementieren. Einen solchen Fall habe ich selbst in meiner Amtszeit erlebt.

Eine von mir als Innenminister – zu diesem Ressort gehörte damals auch die Kulturpolitik des Bundes – beauftragte Jury hatte dem Filmemacher Herbert Achternbusch im Juli 1982 einen Filmpreis für seinen Film »Das Gespenst« zuerkannt. Der Film stieß im katholischen Bayern, vor allem bei der CSU-Klientel, auf höchstes Missfallen. Ich habe selbstverständlich die Entscheidung der Fachjury akzeptiert; mein Nachfolger Friedrich Zimmermann hat sie aufgehoben und es auf einen Rechtsstreit ankommen lassen, den er voraussehbar verlor. Die Freiheit der Kunst war ihm weniger wichtig als die Gesichtswahrung gegenüber seinen Parteigängern.

Was die Kunst betrifft, ist Zensur heute eine Seltenheit. Aber: Der Staat, der mehr als 90 Prozent der Kulturausgaben finanziert – ein System, das sich bewährt hat –, nimmt mit seinen Budget-Entscheidungen Einfluss auf die Kunst. Das ist nicht zu vermeiden. Er muss sich aber kulturfreundlich verhalten. Kulturförderung ist eine verfassungsrechtliche Pflicht – auch in finanziell schwierigen Zeiten.

Staatliche Kunstförderung darf sich nicht nur an einer kulturellen Wertschöpfung orientieren, deren Maßstab allein Marktwert oder »Quote« ist. Damit würde der Staat die nötige und mögliche künstlerische Vielfalt verhindern. »Wenn sich Kunst und Kultur nicht mehr entfalten können, dann scheinen Grundrechte beschnitten zu sein«, mutmaßte der Komponist Wolfgang Rihm 2004 in einem Gespräch mit mir in der »Süddeutschen Zeitung«. Derzeit seien, was die Musik angehe, »Pop und Entertainment die unangefochtenen Werte der Gesellschaft«, die Staatskunst von heute. Eine Art »kapitalistischer Realismus«, sagte Rihm. Diesen »Sieg der Unterhaltungskul-

tur über alles andere Kulturelle«, diese »Diktatur der Quote«
gelte es zu relativieren zugunsten einer Vielfalt des Angebotes.
Der mögliche Nutzen von Kunst, ihre Wertschöpfung, zeige
sich immer erst nach ihrem Entstehen.

Rihms zentrale Forderung ist heute so aktuell wie damals:
»Ich will, dass der demokratische Staat sich dieser Pflicht, die
ihn vielleicht ja wirklich adelt, bewusst wird: dass er Kunst
und geistige Werte fördert – die später als Repertoire meinet-
wegen sogar Geld bringen können.«

Die Bedrohung der Pressefreiheit –
durch ökonomische Bedingungen

Nun garantiert Artikel 5 unseres Grundgesetzes nicht nur die
Freiheit der Kunst, sondern auch die Freiheit anderer von Be-
rufs wegen Kreativer: der Presse.

Dazu sei hier noch einmal an Heinrich Heine erinnert.
Der lief auch als Journalist, zumal als Korrespondent für die
»Augsburger Allgemeine«, während seiner Zeit in Paris ständig Gefahr, dem Zensor unter das sprichwörtliche Messer zu
geraten. Seinem Naturell entsprechend reagierte Heine mal
wehleidig, mal wütend, mal geradezu inspiriert. Und schrieb
weiter.

Die Art der Zensur, wie Heine sie erlebte, ist längst Historie.
Heute könnten der Journalist Heine und seine Berufskollegen
sich auf Artikel 5 Absatz 1 des Grundgesetzes berufen. Dort
heißt es: »Jeder hat das Recht, seine Meinung in Wort, Schrift
und Bild frei zu äußern und zu verbreiten und sich aus all-
gemein zugänglichen Quellen ungehindert zu unterrichten.
Die Pressefreiheit und die Freiheit der Berichterstattung durch
Rundfunk und Film werden gewährleistet. Eine Zensur findet
nicht statt.«

Was das bedeutet, hat das Bundesverfassungsgericht so formuliert: »Eine freie, nicht von der öffentlichen Gewalt gelenkte,
keiner Zensur unterworfene Presse ist ein Wesenselement des

freiheitlichen Staates; insbesondere ist eine freie, regelmäßig erscheinende politische Presse für die moderne Demokratie unentbehrlich.« Die Pressefreiheit ist kein absolutes Recht. Sie muss im Streit gegen die allgemeinen Gesetze und gegen das Persönlichkeitsrecht abgewogen werden.

Das Grundrecht der Pressefreiheit ist nach Ansicht der maßgebenden Kommentatoren von anderen Grundrechten auch dadurch zu unterscheiden, dass sein Gebrauch nicht von der Lust und Laune einzelner Bürger abhängt, sondern zumindest für die in der Presse Tätigen eine verfassungsmäßige Pflicht begründet. Kurz gesagt: Pressefreiheit ist ein dem Staatsganzen dienendes Fundamentalrecht, dessen Existenz und Ausübung für eine freiheitlich-demokratische Staatsordnung schlechthin konstituierend ist.

Karl-Hermann Flach, der herausragende Journalist der »Frankfurter Rundschau« und spätere Generalsekretär der FDP, der in diesem Jahr 80 Jahre alt geworden wäre, hat 1967 geschrieben: »Die Wahrnehmung der Pressefreiheit ist für die Verleger und vor allem für die Journalisten aller Sparten weniger ein Recht oder gar ein persönliches Privileg, sondern eine klare Pflicht der Verfassung gegenüber.« Traditionell wird den Medien die Rolle der »vierten Gewalt« im Staat zugesprochen, deren Aufgabe es ist, die drei anderen Gewalten Legislative, Judikative und Exekutive zu kontrollieren.

Und doch: Die Pressefreiheit ist auch heute, sechzig Jahre nach ihrer Verbriefung in der Verfassung, immer wieder bedroht. Etwa durch massive Veränderungen der ökonomischen Bedingungen eines Mediums. Nennen wir es hier sprachlich treffender: Konzentration allein auf die Marktfähigkeit eines Mediums.

Eines der bekannten Beispiele ist der Verkauf der »Berliner Zeitung« an den irischen Medien-Tycoon David Montgomery. Der trat an mit großen Investitionsversprechen in die publizistische Schlagkraft – und trat ab als ratloser Investor, der beides nicht geschafft hat: nicht höhere Rentabilität und auch nicht höhere Reputation. Im Gegenteil, in die Geschichte der jüngeren Publizistik ist er eingegangen als eine »Zeitungsheuschrecke«, die den Zusammenhang von wirtschaftlicher und journalistischer Qualität nicht richtig erkannt hat.

Der Fall belegt: Wenn Gewinnstreben zur obersten Maxime verlegerischen Handelns wird, wird die innere Pressefreiheit über das Budget, über den Redaktionsetat gefährdet, die äußere Pressefreiheit durch Verflachung und Verarmung der Inhalte.

Als ich 1972 als Parlamentarischer Staatssekretär in das Bundesinnenministerium eintrat, wurde ich dort für Medienpolitik zuständig. Wir waren Zeugen eines rasanten publizistischen Konzentrationsprozesses: der Auflösung oder Zusammenlegung von Kernredaktionen. Dieser Prozess hat sich kontinuierlich fortgesetzt. Bis 1989 war in Westdeutschland die Zahl der publizistischen Einheiten fast um die Hälfte gesunken. Auch das Bemühen, durch Teilredaktionen eine pluralistische Lokalberichterstattung aufrechtzuerhalten, war nur mäßig erfolgreich. Heute haben weit mehr als die Hälfte aller 440 Kreise in der Bundesrepublik nicht einmal mehr eine konkurrierende Lokalberichterstattung.

Ein aktuelles und drastisches Beispiel für die anhaltende Einebnung der Zeitungslandschaft erleben wir derzeit im Ruhrgebiet. Dort hat die WAZ-Gruppe unter dem aktuellen wirtschaftlichen Druck ihr traditionsreiches und bewusst gepflegtes »WAZ-Modell« aufgekündigt. Jahrzehntelang betrieb die Gruppe vier redaktionell unabhängige, in einigen Regionen miteinander konkurrierende Regionalzeitungen – nun hat die Geschäftsführung sogenannte Synergieprozesse eingeleitet. Für die Redakteure und anderen Angestellten der vier Tageszeitungen heißt das: Mehr als 300 Stellen werden abgebaut, mehrere Lokalredaktionen geschlossen; viel intensiver als bisher übernehmen die Zeitungen voneinander Inhalte, lokal und überregional. Das ist eindeutig ein Verlust für die publizistische Vielfalt »vor Ort«.

Schon in den 70er-Jahren wollte die damalige Bundesregierung diesen Entwicklungen durch eine Reihe von Maßnahmen begegnen. Sie ging von der Einsicht aus, dass die Staatsorgane eine Verpflichtung haben, die Verwirklichung der Pressefreiheit auch aktiv zu ermöglichen. Wir wollten damals sogar das außerordentlich verteuerte Zeitungspapier subventionieren.

Es wurde ein Pressefusionsrecht etabliert, das der besonderen Verantwortung der Presse Rechnung tragen sollte; es gilt mit gewissen Abänderungen bis heute. Vor allem aber wollten wir die »innere Pressefreiheit« stärken: durch die verbindliche Vorgabe von Redaktionsstatuten in einem Presserechtsrahmengesetz. Dazu kam es nicht. Aber es wurden zahlreiche freiwillige Vereinbarungen dieser Art abgeschlossen, die heute größtenteils nicht mehr gelten. Das damals geplante »Presserechtsrahmengesetz« wurde von führenden Verlegern und Herausgebern als Angriff auf die Pressefreiheit abgelehnt. Es scheiterte.

Die Bedrohung der Pressefreiheit – durch Gesetze für mehr innere Sicherheit

Auch die Pressefreiheit ist dem Erosionsprozess unserer Grundrechte ausgesetzt. Mit dem alles schlagenden Argument der Terrorabwehr und dem gebetsmühlenartig wiederholten Bemühen um mehr innere Sicherheit werden Gesetze geschaffen, die das Berufsethos der Journalisten und ihre freie Berufsausübung erheblich beschädigen.

Ein Beispiel ist die bereits erwähnte Novellierung der Telekommunikationsüberwachung, bekannt unter dem Schlagwort »Vorratsdatenspeicherung«. Sie erlaubt, wie schon dargelegt, die Speicherung sämtlicher Verbindungsdaten einer Person, ob Festnetz, Handy, Fax, E-Mail oder SMS über einen Zeitraum von bis zu sechs Monaten. Diese Regelung betrifft alle Bürgerinnen und Bürger – und Journalisten in ihrer Berufsroutine. Auch ihre berufsbedingten Kommunikationsdaten dürfen gespeichert werden – was Medienvertreter an einer empfindlichen Stelle trifft. Vertraulichkeit ist Grundlage ihres Geschäfts, Quellenschutz oberstes Berufsgebot, insbesondere im investigativen Journalismus. Welcher Informant, zumal aus einem so sensiblen Bereich wie einer Behörde, einem Ministerium, einem Unternehmen, versorgt die Presse freiwillig mit möglicherweise skandalträchtigen Daten aus seinem Arbeitsbereich, wenn er nicht sicher sein kann, ob er von seinem Dienstherrn bzw. Arbeitgeber überwacht und als Quelle identifiziert wird? Wären illegale Machenschaften wie die bei VW oder bei der Bahn je im bekannten Umfang ans Licht der Öffentlichkeit gekommen ohne den Informantenschutz?

Eine weitere Attacke auf die Pressefreiheit erfolgt mit dem BKA-Gesetz. Mit diesem Regelwerk setzt der Gesetzgeber sein Vorhaben fort, den Schutz von Personen zu relativieren, die aufgrund ihres Berufes gesetzlich zur Verschwiegenheit verpflichtet sind. Getragen sind diese Pläne offensichtlich von einem Misstrauen gegenüber Sphären der Vertraulichkeit, die der staatlichen Überwachung entzogen sind. Man fragt sich, welches Bild eines Anwaltes, eines Journalisten oder eines Arztes dem Gesetzgeber hier vorschwebt – es kann nur das des potenziellen Komplizen eines Terroristen sein. Ausgeblendet wird vom Gesetzgeber, dass die Bürger den Angehörigen dieser Berufe nicht ohne Grund ein hohes Maß an Vertrauen entgegenbringen und ihnen höchstpersönliche Dinge anvertrauen, die sich vom Inhalt her nicht von dem unterscheiden, was sie einem Seelsorger offenbaren. Dieses institutionelle Vertrauen zerstört der Gesetzgeber durch Regelungen, welche die Vertraulichkeit eines Gespräches zwischen einem Anwalt und seinem Mandanten, einem Arzt und seinem Patienten oder einem Journalisten und seinem Informanten und Mitarbeitern davon abhängig machen, für wie ermittlungsrelevant eine Behörde den Inhalt eines Gespräches hält.

Was soll ein Arzt, Anwalt oder Journalist antworten, wenn ein Bürger ihn fragt, ob das, was er ihm erzählen möchte, auch wirklich vertraulich zwischen ihnen beiden bleibt? Journalisten und Anwälte erfüllen eine wichtige gesellschaftliche Aufgabe, indem sie helfen, staatliche Machtausübung zu kontrollieren.

Es steht einem Staat nicht gut an, die Freiheit derjenigen zu beschränken, deren Verfassungsauftrag es ist, ihn zu kontrollieren. Dies gilt erst recht in einer Zeit, wo es gerade Journalisten immer wieder gelingt, im Bereich der Nachrichtendienste und der Terrorismusbekämpfung Missstände offenzulegen, die sonst vor der Öffentlichkeit verborgen geblieben wären.

Verschwiegen wird vom Gesetzgeber, worin der effektive Sicherheitsgewinn einer solchen Regelung liegen soll. Denn verhält sich ein Berufsgeheimnisträger mit Terroristen konspirativ, verliert er aufgrund der in allen Gesetzen enthaltenen Verstrickungsregelungen seinen Schutz.

Auch der Hamburger Journalist und Mitherausgeber der »Zeit«, Michael Naumann, einer der Beschwerdeführer in Karlsruhe gegen das BKA-Gesetz, kritisiert die Einschränkung der Pressefreiheit durch die Bundesregierung am Beispiel des BKA-Gesetzes: »Zuerst einmal dient es staatlichem Machtzuwachs, dem Abbau der Pressefreiheit und der Aufblähung der Bundesbehörde«, kommentierte Naumann 2008 in der »Zeit«. »Sie kann nunmehr mittels präventiver Ausforschung von Computern, Handys und Wohnungen geheimdienstliche Funktionen übernehmen.« Naumann sieht darin unter anderem eine Gefährdung investigativer Reporter »in genau jenen Regionen, in denen terroristische Aktionen geplant werden: Ihre Quellen werden versiegen, und das wäre noch die geringste Gefahr.«

Die Bedrohung der Pressefreiheit – in der täglichen Arbeit der Medien

Pressefreiheit wird nicht nur durch neue gesetzliche Einschränkungen bedroht, sondern auch durch die Anwendung bestehender Gesetze oder deren Übertretung. Der Deutsche

Journalistenverband zählte allein zwischen 1987 und 2005 insgesamt 190 Eingriffe in die Pressefreiheit durch Hausdurchsuchungen, Beschlagnahmen und Lauschangriffe – mitunter ohne das Wissen der solchermaßen betroffenen Journalisten. Im Jahre 2005 wurden die Redaktionsräume des Magazins »Cicero« durchsucht, auf der Suche nach vermeintlich undichten Stellen beim Bundesnachrichtendienst. Ein aufsehenerregender Fall, aber nicht der erste. Immer wieder leiteten in den vergangenen Jahren Staatsanwaltschaften Strafverfahren gegen Journalisten ein wegen »Beihilfe zum Geheimnisverrat«. Ziel solcher Strafverfahren war nicht so sehr eine Verurteilung, sondern vielmehr die Durchsuchung von Redaktionen und Privaträumen der Journalisten und die ungehemmte Nutzung des dort gefundenen Materials – um herauszufinden, wer die Journalisten informiert hatte.

Das Bundesverfassungsgericht hat entschieden: »Durchsuchungen und Beschlagnahmen in einem Ermittlungsverfahren gegen Presseangehörige sind unzulässig, wenn sie ausschließlich oder vorwiegend dem Zweck dienen, die Person des Informanten zu ermitteln«, so der Kern der Karlsruher Entscheidung in der Causa »Cicero«. In ihrem Urteil erklärten die Richter Durchsuchungen von Redaktionen und Privaträumen für unzulässig. Mehr noch: Verweigern Journalisten die Auskunft über ihre Informanten, dürfen weder Strafen noch prozessuale Zwangsmaßnahmen gegen sie angeordnet werden. Nach diesem Urteil, mutmaßte zuversichtlich die »Süddeutsche Zeitung«, werde »kaum eine der herkömmlichen Razzien in Redaktionen die von Karlsruhe aufgestellten Kriterien bestehen«.

Mit dem »Cicero«-Urteil von 2007 stabilisierte das Bundesverfassungsgericht die Pressefreiheit, nachdem diese in den fast sechzig Jahren ihres Bestehens arg ins Wanken geraten war – nicht auf dem Papier, aber in der täglichen journalistischen Praxis. Vierzig Jahre zuvor war eine solche Konsolidierung schon einmal nötig geworden: Als während der »Spiegel-Affäre« 1966 dessen Herausgeber und Chefredakteur Rudolf

Augstein wegen Landes- und Geheimnisverrats inhaftiert worden war und die Räume des »Spiegel« durchsucht wurden, entstand ein neues Bewusstsein für Pressefreiheit.

Das Anfang 2009 in Kraft getretene Bundeskriminalamtsgesetz hingegen lässt erneut eine Gefährdung der journalistischen Berufsausübung zu. Denn es erlaubt Ermittlern konkret, Journalisten zu überwachen, wenn der Verdacht einer besonders schweren Straftat gegeben ist. Dabei muss der Journalist gar nicht unter direktem Verdacht stehen; es reicht, wenn das Bundeskriminalamt ein Interesse an seinem Informanten hat. Damit existiert der Informantenschutz nicht einmal mehr auf dem Papier.

Wenig erstaunlich, dass dieser jüngste Vorstoß der Bundesregierung Journalisten aller Medien und Couleur gleichermaßen erzürnt. Vom »Spiegel« dazu befragte Chefredakteure und Herausgeber sprachen von einer erneuten Einschüchterung investigativ recherchierender Journalisten, einem »Angriff gegen die Pressefreiheit« und einem Machtzuwachs des Staates.

Was weiterhin fraglich bleibt, außer dieser neuerlichen Attacke des Staates gegen die Presse, ist das Ziel dieser Maßnahme. Die Stärkung der inneren Sicherheit ist zu akzeptieren, wenn sie sich als nötig und nachvollziehbar und angemessen erweist.

Ebenso ist aber zu akzeptieren und zu respektieren, dass das Grundrecht auf Meinungsfreiheit schlechthin konstituierend für unsere Staatsordnung ist. Um es mit einem gewissen Pathos zu sagen: Der Kampf der Meinungen gehört zu den Lebenselementen der Demokratie. Es muss schon sehr genau abgewogen werden, wenn dieses Grundrecht beschnitten werden soll. Auch dies war für uns Anlass, erneut Beschwerde beim Bundesverfassungsgericht einzulegen.

Wir müssen innere Sicherheit wieder, wie es lange der Fall war, als Bedingung für die Möglichkeit von Freiheit verstehen, und nicht als ein mit der Freiheit konkurrierendes selbständiges Rechtsgut. Auch, um den ansonsten mit erstaunlicher politischer Weitsicht gesegneten Heinrich Heine einmal zu widerlegen, dort nämlich, wo er befürchtet: »Der Staat kann uns nichts geben, ohne uns anderer Dinge zu berauben.«

9

»Die Menschenwürde der übelsten Feinde«
Darf der Staat zur Not foltern?

»Es beginnt ganz harmlos. Fast eine Minute lang zeigt der Film Nahaufnahmen von Wassertropfen und Fontänen vor schwarzem Hintergrund. Wasserperlen explodieren wie Feuerwerkskörper. Klares, pures Nass in Werbefilmästhetik. Es könnte ein Spot für ein neues Mineralwasser oder eine Wodka-Marke sein. Doch dann zieht die Kamera auf: Eine Hand im Latexhandschuh presst den Kopf eines Mannes auf eine Liege. Aus einer Karaffe läuft Wasser in Mund und Nase des Mannes, er wehrt sich, bekommt keine Luft, versucht verzweifelt, zu atmen. Die Kamera zoomt auf seine festgeschnallte Hand, die wie im Todeskampf zittert. Waterboarding. Ab dem kommenden Monat wird der anderthalb Minuten lange Spot in 50 Kinos zu sehen sein, kündigte Kate Allen, Chefin der britischen Sektion von Amnesty International, am heutigen Mittwoch in der britischen Zeitung ›Independent‹ an. ›Unser Film zeigt genau das, was die CIA gerne geheim halten möchte – den grausamen Anblick eines fast ertränkten Menschen.‹«

(Aus »Spiegel online« vom 23. April 2008 über
eine Anti-Folter-Kampagne von Amnesty International)

Das Folterverbot gilt absolut

Das Thema Folter polarisiert – verständlicherweise. Unter Folter versteht man gemeinhin die Ausübung gezielter Gewalt, das Zufügen physischen oder psychischen Leids gegen einen Menschen, um ihn zu einem Geständnis zu zwingen oder ihn einzuschüchtern. Folter ist international verboten, völkerrechtlich unter anderem in der UN-Menschenrechtserklärung und in der UN-Antifolterkonvention; in Deutschland gilt sie als Straftat. Der wichtigste Grund für ein absolutes Folterverbot liegt auf der Hand: Folter verletzt die Menschenwürde von Opfern und Tätern. Wer Folter bejaht, muss sich peinliche Fragen gefallen lassen: Wie weit darf gehen, wer den Willen eines anderen durch Zufügung von Schmerzen zu brechen versucht? Woher will der Folterer wissen, ob der Gefolterte tatsächlich etwas weiß? Welche Rolle spielen individuelle Neigungen und psychopathologische Motive wie Sadismus, Quälerei, Machtausübung und Erniedrigung? Wer ordnet Folter an? Wer übt sie aus? Wer begleitet sie medizinisch?

Wer nun einwendet, es gebe aber doch Grenzsituationen, in denen Folter durchaus zulässig sein müsse, dem sei vorab die Nachdenklichkeit Niklas Luhmanns mit auf den Weg gegeben. Seinen Vortrag zu der Frage »Gibt es in unserer Gesellschaft noch unverzichtbare Normen?« eröffnete der Soziologe 1992 mit folgendem Gedankenexperiment: Er forderte seine Zuhörer auf, sich vorzustellen, sie seien höhere Polizeioffiziere in einem von Terrorgruppen drangsalierten Land und hätten den Führer einer dieser Gruppen gefangen. »Sie können, wenn Sie ihn foltern, vermutlich das Leben vieler Menschen retten – zehn, hundert, tausend, wir können den Fall variieren. Würden Sie es tun?«, fragte Luhmann. Offen ließ er, was er selbst tun würde – und hielt fest: »Man kann es nur falsch machen.«

Das Gedankenexperiment des Soziologen darf ins Dilemma münden, die Realität darf es nicht. So nachvollziehbar der Drang auch sein mag, Leben um jeden Preis und unter Anwendung aller verfügbaren Mittel zu retten – die Anwendung eines den Menschen in seiner Totalität erfassenden Mittels zerstört die Grundlagen des Staates.

Dennoch: Trotz ihrer Ächtung wird Folter weltweit praktiziert. Zur Verteidigung »harter Verhörmethoden«, wie Folter mitunter umschrieben wird, führen auch demokratische Staaten vor allem die Bekämpfung des Terrorismus an. Der ehemalige US-Verteidigungsminister Rumsfeld etwa erlaubte die Anwendung sogenannter umstrittener Verhörmethoden im Gefangenenlager Guantanamo bei mutmaßlichen Mitgliedern der Terror-Gruppe Al Qaida oder afghanischen Taliban-Anhängern; zu den erlaubten Methoden der Bush-Administration gehörte auch das im Vorspann minutiös geschilderte »Waterboarding«.

Präsident Obama und die rechtsstaatliche Tradition der USA

Schon lange vor dem Wechsel im Weißen Haus in Washington ist in zahllosen Medienberichten und Einschätzungen von Experten der amerikanischen Politik deutlich geworden, wie groß das Bedürfnis nach Veränderung in den Vereinigten Staaten ist, innerhalb wie außerhalb ihrer Grenzen. Die Hoffnungen richten sich vor allem auf Veränderungen der desolaten wirtschaftlichen Situation; im Blick ist aber auch immer die Position der USA als Rechtsstaat mit demokratischen Prinzipien, die in der Ära Bush mitunter eigenwillig, vor allem eigenmächtig ausgelegt wurden. Wieder einmal knüpft sich jetzt an die Person eines neuen Präsidenten auch die Vision der Verbesserung. Der amerikanische Traum der unbegrenzten Möglichkeiten, das »I have a dream« von Martin Luther King, wird einmal mehr zum Credo einer ganzen Nation – allerdings mit neuem Claim: »Yes, we can.« Statt utopischer Vision verheißt das Motto des politischen Handelns nun eine realistische Option. Mithin einen echten Anreiz zum Mitmachen, nicht nur für die amerikanische Welt.

Entsprechend hoch waren und sind die Erwartungen an den neuen Präsidenten Barack Obama. Erwartungen, denen der 47-jährige Politiker mit einer selbstbewusst-zuversichtlichen, zugleich mutigen Führung der Amtsgeschäfte zu entsprechen sucht. In seiner Ansprache zur Amtseinführung am 20. Januar 2009 beispielsweise hat der junge Präsident die rechtsstaatliche Tradition der Vereinigten Staaten wiederbelebt. Viele Menschen haben in ihrer Kritik an den USA in den letzten Jahren die Vereinigten Staaten mit der Administration Bush gleichgesetzt und daraus eine allgemeine Tendenz, ja geradezu eine Verpflichtung zum Anti-Amerikanismus abgeleitet. Das war und ist falsch.

Die USA sind bei allen Defiziten eine starke und lebendige Demokratie. Sie sind unser natürlicher Verbündeter bei der Verteidigung gemeinsamer Werte. Die Unabhängigkeitserklärung von 1776 ist eine der wichtigen Grundlagen auch für unsere demokratische Ordnung.

Barack Obama hat anlässlich seiner Amtseinführung gesagt: »Was unsere Verteidigung betrifft: Es ist falsch, dass wir uns zwischen unserer Sicherheit und unseren Idealen entscheiden müssten. Unsere Gründungsväter, bedroht von für uns unvorstellbaren Gefahren, haben eine Charta entworfen, um die Rechtsstaatlichkeit und die Menschenrechte zu gewährleisten, eine Charta, die mit dem Blut von Generationen geschrieben wurde. Diese Ideale bringen immer noch Licht in die Welt, und wir werden sie nicht aus Berechnung aufgeben.«

Eine solche Erklärung hätte ich mir nur einmal mit vergleichbarer Überzeugungskraft in einer der innerdeutschen Sicherheitsdebatten der vergangenen Jahre gewünscht.

Auch wir müssen uns nicht zwischen unserer Sicherheit und unseren Idealen – wie sie im Grundgesetz niedergelegt sind – entscheiden. Obama hat ein Zeichen gesetzt und seinen Worten sogleich Taten folgen lassen: Er verfügte die Auflösung von Guantanamo und die Abschaffung der Folter, die bei der Vernehmung von Terroristen praktiziert wurde. Ich hoffe, dass sich möglichst bald weitere Entscheidungen und Maßnahmen anschließen. Unbedingt notwendig erscheint mir beispielsweise eine gründliche rechtsstaatliche Überprüfung des nach den Terroranschlägen von New York beschlossenen »Patriot Act«.

Dieser Patriot Act war fünf Wochen nach dem Anschlag des 11. September 2001 verabschiedet worden. Er schränkt die Bürgerrechte erheblich ein. Er vereinfacht die Überwachung von Telefongesprächen, Bankkonten und medizinischen Daten; Abhöraktionen fanden ohne richterliche Zustimmung statt. Im März 2003 wurde das Gesetz nach heftigen Diskussionen zwar an einigen Stellen verändert, aber im Wesentlichen fortgeschrieben. Die Demokraten kündigten an, weiter für Verbesserungen zu kämpfen.

Bei der Terrorbekämpfung ist die enge Zusammenarbeit mit den USA unverzichtbar. Es ist dabei davon auszugehen, dass von den deutschen Sicherheitsbehörden auch Informationen verwendet werden, die unter problematischen Umständen, sprich durch Anwendung von Folter, gewonnen wurden. Der damalige deutsche Innenminister Schily pflegte eine enge Kooperation mit der Bush-Administration, ohne dass sichtbar wurde, dass er sich von diesen Methoden der engsten Verbündeten distanzierte.

Die »kreativen Verhörtechniken« der CIA

In seinem Buch »Die CIA-Lüge« hat Egmont R. Koch vor Kurzem in akribischer Quellenarbeit nachgewiesen, dass es sich bei den Folterungen in Abu Ghraib und Guantanamo nicht um bedauerliche Einzelfälle und Entgleisungen handelt. Die schlimmen Verhörtechniken, von der Administration Bush zynisch »kreative Verhörtechniken« genannt, wurden schon im Spionagekrieg mit der Sowjetunion, im Korea-Krieg und in Vietnam angewandt. Auf dem Katalog der staatlich zugefügten Qualen stehen unter anderem das schon erwähnte »Waterboarding«, Schein-Ertränken, das die Häftlinge in Todesangst versetzt, die totale Isolation, Schlafentzug, Hängefolter und

168

Drogeneinsatz. Die CIA hat sogar ein regelrechtes Folterhandbuch erarbeitet – sozusagen das Manual für die Misshandlung, die Systematik für die Folterer. Bestürzend ist weiterhin die Tatsache, dass die Amerikaner nach dem Zweiten Weltkrieg offenbar einige Nazi-Schergen engagiert hatten, um deren Know-how zu nutzen.

Geradezu zynisch, da es sich die Mechanismen moderner Dienstleistungsökonomie zunutze macht, ist das »Outsourcing« von Folter. Es geschieht in Form von Verschleppungen durch den Geheimdienst der Vereinigten Staaten in sogenannte Folterstaaten. Dort werden die Opfer mit Methoden vernommen, die in den Vereinigten Staaten selbst nicht erlaubt sind.

Gerechtfertigt und verteidigt werden solche Gräuel zur Wahrung der Sicherheit in den Vereinigten Staaten mit der Definition, der Kampf gegen den Terrorismus sei Krieg, sei ein »war on terror«. Dieser »neue Krieg« erfordere schärfere Vernehmungsmethoden und hebe die strikten Begrenzungen der Genfer Konvention auf. Die Bush-Administration hat also die Erosion des Folterverbotes bewusst und gezielt eingeleitet und sich auch ihrer Verantwortung für exterritoriale Handlungen entzogen. Anstatt also auch hier »weltpolizeilich« zu agieren und die westlichen Standards von Demokratie und Recht in andere Regionen der Erde zu statuieren, hat man sich dankbar die »Achse des Bösen« zunutze gemacht. So wird aus dem Kampf gegen den grenzenlosen Terror qua Outsourcing ein Kampf über Staatsgrenzen hinweg gegen den Terror. Die Entgrenzung hat die Seite gewechselt.

Durften sich die CIA-Agenten, die gefoltert hatten, auf die Autorisierung durch Juristen der Bush-Administration verlassen, wie es jetzt diskutiert wird? Niemand darf sich in den USA über Recht und Gesetz hinwegsetzen. Es gibt kein Ausnahmerecht zum absoluten Folterverbot in der amerikanischen Verfassung. Sie ist danach mit Freiheitsstrafe bis zu zwanzig Jahren bedroht. Das Streitkräftehandbuch legt ähnlich wie die Regeln für die Bundeswehr fest, dass sich niemand auf einen

Befehl berufen kann, »wenn er wusste, dass dieser gesetzeswidrig war oder eine Person von gewöhnlichem Sinn und Verstand die Gesetzeswidrigkeit erkannt hätte«.

Die USA sollten sich daran erinnern, dass sie den Angeklagten von Nürnberg die Berufung auf jeglichen Befehlsnotstand verweigert haben. Die Folterer und vor allem ihre Auftraggeber müssen zur Rechenschaft gezogen werden – auch wenn die Hälfte der in den USA Befragten anderer Meinung sein sollte.

Die Folterdebatte in Deutschland

Folter ist verboten, ausnahmslos und universell – alle internationalen Menschenrechtsverträge enthalten ein absolutes Folterverbot. In unserem Grundgesetz ist das Folterverbot Bestandteil des Prinzips der unantastbaren Menschenwürde. Das Bundesverfassungsgericht hat dies in seiner Rechtsprechung immer wieder unzweideutig bestätigt. Dennoch kommt auch in unserem Land eine Debatte über die Zulässigkeit der sogenannten »Rettungsfolter« nicht zur Ruhe.

Auslöser dieser Überlegungen ist nicht, wie in Amerika, der grenzenlose Kampf gegen den Terror, sondern ein Kriminalfall: die Entführung des Frankfurter Bankierssohns Jakob von Metzler im Jahre 2002. Der Fall hatte damals die Republik erschüttert und emotional heftig bewegt. Der Grund: Als der Kidnapper des elfjährigen Jungen sich nach seiner Festnahme weigerte, das Versteck des Kindes zu nennen, drohte der damalige Frankfurter Polizeivizepräsident Wolfgang Daschner ihm Folter an, in der Hoffnung, den Jungen noch lebend zu finden.

Die Wogen der Aufregung und des Mitgefühls in der Bevölkerung schlugen damals hoch – was durchaus nachvollziehbar ist, wenn ein Kind Opfer eines kaltblütigen Verbrechens wird. In einer Umfrage äußerten mehr als sechzig Prozent von rund tausend Befragten Verständnis für Daschners Verhalten und sprachen sich für die Folter aus. Sie folgten der Argumentation, dass es eine Wertungslücke gebe, die nur durch Lockerung des Folterverbots beseitigt werden könne.

Unter Juristen begründete der Fall Daschner, der mit einem Schuldspruch und einer vergleichsweise milden Strafe für den Polizisten endete, eine verstörende Diskussion. Es könne, so argumentiert bis heute eine Gruppe von Wissenschaftlern, Situationen geben, in denen Folter gerechtfertigt sei, etwa wenn die Würde eines Menschen gegen die Würde eines anderen stehe.

Die Gründe für solche Forderungen nach einer Entgrenzung des Rechtsstaates, die unter anderem der Kölner Staatsrechtler Otto Depenheuer und auch der Bonner Jurist Matthias Herdegen fordern, sind vielfältig. Sie reichen von einer gewissen Hilflosigkeit angesichts der Grenzen bewährter juristischer Mittel in bestürzenden Fällen wie der Frankfurter Kindesentführung bis hin zu »professoraler Profilierungssucht«, wie der Journalist Heinrich Wefing in der »Zeit« kürzlich ausführte. Was auch immer die Überlegungen fördert – auffallend ist die Tatsache, dass sich deutsche Juristen ganz offensichtlich das amerikanische Nachdenken über die Möglichkeiten des Rechtsstaates in Zeiten des Terrors zu eigen gemacht haben.

Diese Tendenz muss man im Auge behalten, da sie Teil einer Geisteshaltung ist. Ihre Wirkung für das unmittelbare Geschehen im deutschen Rechtssystem ist erst einmal nachrangig: Aussagen, die durch Folter oder Androhung von Folter zustande gekommen sind, dürfen im deutschen Strafverfahren weder gegen den Gefolterten noch gegen andere verwertet werden. Das Folterverbot gilt selbstverständlich auch für unsere Geheimdienste, die nicht dazu beitragen dürfen, dass terrorverdächtige Personen in anderen Ländern peinlich verhört werden.

Hochumstritten ist die Frage, ob unsere Geheimdienste Informationen, die ohne ihr Zutun durch Folter zustande gekommen sind, bei der Bekämpfung des Terrorismus verwenden dürfen. Ich entscheide mich dafür, dass dies im Einzelfall durchaus möglich sein muss. Wer wird die Verantwortung auf sich nehmen, einen Terroranschlag nicht zu verhindern, auf den er durch eine mit Folter erzwungene Aussage in einem anderen Land hingewiesen worden ist? Dass damit indirekt Folterpraktiken unterstützt werden, ist eine schlimme, aber in solchen Notsituationen nicht vermeidbare Konsequenz.

Dennoch: Angst und Hysterie dürfen in unserer Gesetzgebung weder Regie führen noch eine maßgebliche Rolle spielen. Es ist ein Leichtes, sich immer schrecklichere Szenarien auszumalen, die dann Rechtsverschärfungen scheinbar rechtfertigen. Dennoch wird man stets aufs Neue feststellen: Es gibt nicht für jedes Szenario die passende rechtliche Lösung. Entscheidend ist die Achtung vor den Grundprinzipien des Rechtsstaats. Noch einmal sei der Journalist Heinrich Wefing zitiert: Ein Staat verändere sein Wesen, »wenn er die Menschenwürde verletzt, und sei es die Menschenwürde seiner übelsten Feinde. Man stelle sich nur einmal vor, die Bundesregierung hätte 1977 die RAF-Häftlinge in Stammheim foltern lassen, um Hanns Martin Schleyer freizubekommen. Es hätte vermutlich das Leben des entführten Arbeitgeberpräsidenten nicht gerettet. Aber die moralische Autorität der Bundesrepublik für immer ruiniert: Der Staat, der foltert, ist kein Rechtsstaat mehr.«

Die völkerrechtliche Dimension des Folterverbots

In der deutschen Diskussion über die Zulässigkeit von Folter ist die völkerrechtliche Dimension bisher nicht angemessen zur Geltung gekommen. Eine Minderheit in der Staatsrechtslehre diskutiert in Deutschland über Folter so, als befänden wir uns auf einer Insel, losgelöst von allen internationalen Bezügen und völkerrechtlichen Verpflichtungen. Wir diskutieren, ob Folter in Extremsituationen, also zum Beispiel bei einer Kindesentführung erlaubt sein soll. In Ausnahmefällen für gut geheißen wird das von denjenigen, die eine Relativierung des Menschenrechtskerns des Grundgesetzes anstreben, wegen seiner »auf Lebensrettung gerichteten Finalität«. Andere Folterbefürworter möchten den Begriff »Folter« durch die Formulierung »Selbstverschuldete Rettungsbefragung« ersetzen. Sie meinen, es könne Situationen geben, in denen die Folter zur Rettung von Opfern geradezu eine Pflicht sei. Diese Begriffskonstruktion erinnert unmittelbar an den sogenannten finalen Rettungsschuss, der ja auch mit einer extremen Notlage begründet wird.

Nichts von alledem ist durch das Völkerrecht gedeckt – ein Völkerrecht, das in der »Allgemeinen Erklärung der Menschenrechte« von 1948 fundiert ist. Sie war, in einem Augenblick, als die unterschiedlichen Lager der Völkergemeinschaft noch nicht im Kalten Krieg zerstritten waren, eine gemeinsame Reaktion auf die Schrecknisse der Naziverbrechen, auf, wie es in der Präambel heißt, »Akte der Barbarei, die das Gewissen der Menschen tief verletzt haben«.

Verboten ist nach dieser grundlegenden Vereinbarung »jede Handlung, durch die einer Person vorsätzlich große körperliche oder seelische Schmerzen oder Leiden zugefügt werden, zum Beispiel um von ihr oder einem Dritten eine Aussage oder ein Geständnis zu erlangen, um sie für eine tatsächlich oder mutmaßlich von ihr oder einem Dritten begangene Tat zu bestrafen oder um sie oder einen Dritten einzuschüchtern oder zu nötigen«. Mit diesen Worten beschreibt Artikel 1 der »UN-Konvention gegen Folter«, was Folter ist – und die Gründe, deretwegen immer noch gefoltert wird.

Das Folterverbot ist in nicht zu überbietender Eindeutigkeit zwingendes Völkerrecht. Auch seine Durchsetzung ist durch völkerrechtliche Sekundarnormen geregelt. Wie lebendig das Folterverbot ist, lässt sich an den Statuten der Internationalen Strafgerichte für Ruanda (ICTR) und das ehemalige Jugoslawien (ICTY), umgangssprachlich beide besser bekannt unter der Bezeichnung »UN-Kriegsverbrechertribunal«, ablesen. Auch der 1998 geschaffene Internationale Strafgerichtshof

(ICC) in Den Haag wertet in seinen Statuten den Einsatz von Folter als Kriegsverbrechen und Verbrechen gegen die Menschlichkeit.

Ist die Tür erst einmal ein Stück geöffnet ...

Die Folter-Befürworter in den aktuellen Diskussionen in unserem Lande reden nicht einer generellen Zulassung von Folter das Wort. Die Situation ist komplizierter. Ihre Überlegungen beinhalten und begünstigen vor allem eine grundsätzliche Aufweichung des Folterverbots. Motto: Ist die Tür erst einmal ein Stück weit geöffnet, können wir sie irgendwann auch ganz aufstoßen. Ablesen lässt sich diese Entwicklung zum einen in den schon erwähnten Extremfällen zugunsten der Menschenwürde einer anderen Person. Darüber hinaus wird diskutiert, ob angesichts der terroristischen Bedrohung diejenigen, die außerhalb der Rechtsordnung terroristisch aktiv sind, noch von dieser Rechtsordnung geschützt werden. Terroristen sollten demnach als Feinde in einem fiktiven Krieg und nicht als Kriminelle behandelt werden, so die Argumentation weiter. Auch in diesen Fällen soll Folter zulässig sein, wie die Amerikaner mit ihrer Entscheidung zugunsten von »Scheinertränkungen« vorgeführt haben (Verteidigungsfolter), die Obama nun wiederum abschafft.

Zur Begründung muss die Fiktion eines »Ausnahmezustands« herhalten. Dieser ist im Staatsrecht schon einmal im Verlauf der jüngsten deutschen Geschichte in verhängnisvoller Weise beschworen worden, wie ich bereits an anderer Stelle in diesem Buch dargelegt habe. Carl Schmitt hat die Gewalttaten der Nationalsozialisten mit einer besonderen Bedrohung des Staates zu rechtfertigen versucht. Es ehrt Marion Gräfin Dönhoff, dass sie aus der Redaktion der »Zeit« ausschied, als Richard Tüngel, der damalige Chefredakteur, im Jahre 1955 einen Artikel von Carl Schmitt ins Blatt brachte. Der Gedanke, Schmitt, den sie einen »erklärten Gegner des bürgerlich-liberalen, rationalen Rechtsstaats« nannte, publizistisch zu fördern, war ihr nicht erträglich. Heute berufen sich deutsche Staatsrechtslehrer wieder auf Schmitt.

Das Folterverbot ist »notstandsfest«

Die aktuelle terroristische Bedrohung führt keinen Ausnahmezustand herbei. Selbst wenn dies der Fall wäre, gewährt das Völkerrecht keinen Spielraum für die Abweichung vom Kernbereich der Menschenrechte. Auch die Fiktion eines »Krieges gegen den Terror« hilft nicht weiter. Die Menschenrechte gelten nicht nur im Frieden, sondern auch im Krieg. In der Anti-Folterkonvention der Vereinten Nationen heißt es: Außergewöhnliche Umstände gleich welcher Art, seien es Krieg oder Kriegsgefahr, innenpolitische Instabilität oder ein sonstiger öffentlicher Notstand, dürfen nicht als Rechtfertigung der Folter geltend gemacht werden.

Das Folterverbot ist also »notstandsfest«. Es beansprucht absolute, ausnahmslose Rechtsgeltung. Anders als andere Menschenrechte wie etwa die Meinungs- und Versammlungsfreiheit gehört das Folterverbot zum Kern der Menschenrechte, der auch in extremen Notsituationen nicht angetastet werden darf. Die von den USA praktizierte »Verteidigungsfolter« hat demnach vor dem Völkerrecht keinen Bestand. Das gilt für das ganze »System Guantanamo« und die Unterbringung von Inhaftierten an exterritorialen Folterplätzen.

Methoden wie Scheinertränkungen, vorgetäuschte Hinrichtungen oder sonstige Ausübung von psychischem Druck sind bei den Vollstreckern besonders beliebt, denn sie hinterlassen bei ihren Opfern keine sichtbaren Spuren. Deshalb werden diese Misshandlungen in bewusst zynischer Umkehrung ihrer Wirkung mitunter als »torture light« deklariert – der Versuch einer sprachlichen Verharmlosung sondergleichen. Die Behauptung, solche Torturen würden mittels Umbenennung »erträglicher« oder gar akzeptabler, wäre schlicht menschenverachtend. Entsprechend eindeutig sind dazu alle Entscheidungen der mit Folterpraktiken befassten internationalen Gremien: Sie schließen solche Methoden in jahrzehntelanger Rechtspraxis strikt aus.

Wir führen, was das Thema Folter angeht, keine abstrakte Diskussion fernab jeder Wirklichkeit. Aus meiner langjährigen Tätigkeit als Leiter der deutschen Delegation bei der Menschenrechtskommission der Vereinten Nationen kenne ich die Berichte des Sonderberichterstatters für Folter nur zu gut. In den Gefängnissen der Diktaturen dieser Welt – und nicht nur dort – wird tagtäglich gefoltert. Es hätte eine verheerende Wirkung, würde man den Vorschlägen des deutschen Rechtsprofessors Winfried Brugger folgen, der die völkerrechtlichen Verbote von Folter vorrangig gegen totalitäre Regime gerichtet sieht. Brugger möchte unterscheiden zwischen böser, unverantwortlicher und anständiger, von Demokratien zu verantwortender Folter. Wer soll denn völkerrechtlich verbindlich eine solche Unterscheidung treffen? Werden nicht letztlich solche Staaten dieses »Folterprivileg« gerne nutzen, die die Menschenwürde mit Füßen treten?

Wen die ethische, auf dem Prinzip der Menschenwürde beruhende Begründung des umfassenden Folterverbots nicht überzeugt, der sollte sich vor Augen führen, dass es sich um ein in hohem Maße gefährdetes Menschenrecht handelt. Die Diktaturen dieser Welt würden ohne Zweifel jederzeit jede Rechtfertigungsmöglichkeit nutzen, um sich herauszureden. Allein das strikte Verbot ist ein wirksames Mittel im weltweiten Kampf gegen die Folter.

Wir sollten also den Blick über den Tellerrand unserer eigenen Befindlichkeit in die Welt richten. Jede Diskussion über die Relativierung des Folterverbots schwächt unsere Glaubwürdigkeit und Durchsetzungskraft im weltweiten Kampf zu dessen Durchsetzung. Indem wichtige Verfassungsgrundsätze in den westlichen Demokratien angesichts der terroristischen Bedrohung außer Kraft gesetzt wurden, haben wir uns schon auf diesen gefährlichen Weg begeben. Vor allem die Bush-Administration hat dabei großen Schaden angerichtet. Wir sollten diesen amerikanischen Weg nicht fortsetzen.

Geradezu absurd wäre die Vorstellung, dass das Auslieferungsverbot der Anti-Folterkonvention zumindest auf dem Papier gegen Deutschland Anwendung fände. Es legt fest, dass Menschen, die politisch verfolgt werden und in Deutschland Asyl suchen, nicht in solche Staaten ausgeliefert oder abgeschoben werden dürfen, in denen Folter droht. In solchen Fällen gibt es keine Relativierungen oder Differenzierungen. Sollten sich die Folterbefürworter durchsetzen, dürfte im umgekehrten Fall auch nach Deutschland nicht mehr ausgeliefert werden.

Eines sollte uneingeschränkt für uns gelten: Was völkerrechtlich verboten ist – und Deutschland hat nach dem Kriege an der Entwicklung dieses Völkerrechts besonders aktiv mitgewirkt –, darf innerstaatlich nicht erlaubt sein.

10 Freiheit für Verfolgte
Die Menschenrechte weltweit

Prag, irgendwann in den 80er-Jahren. Die FDP-Bundestagsabge-
ordneten Gerhart Baum und Burkhard Hirsch sind zu Gast auf
dem Hradschin, im erzbischöflichen Palais gleich vis-à-vis dem Re-
gierungspalast. Auf dem Plan steht ein Gespräch mit dem Prager
Erzbischof zum Thema Menschenrechte, konkret über die Unterdrü-
ckungsmechanismen im Alltag der damaligen Tschechoslowakei. Zu
Beginn deutet der Erzbischof auf ein Transistorradio, das laut Un-
terhaltungsmusik spielt, und macht warnend eine eindeutige Geste:
»Wir werden abgehört.« – Zum Abschied begleitet der Erzbischof die
beiden Deutschen die Freitreppe am Palais hinunter. Dort bietet sich
ein beklemmendes Bild: »Gegenüber, in Hör- und Sichtweite, präsen-
tierte sich der Regierungssitz, also der Staat«, erinnert sich Gerhart
Baum, »direkt davor standen wie seine dunklen Wächter die Spitzel.«
Da war es wieder, dieses Gefühl von Bedrückung, das sich stets ein-
stellte nach Besuchen in Ländern mit autoritären Regimes: »Wir
fahren nach Hause, zurück in die Freiheit, wo wir uns frei bewegen
und unsere Meinung frei äußern können. Und wir lassen Menschen
zurück, die das alles nicht können.«

Die Verantwortung der Deutschen
für die Menschenrechtspolitik

Die internationale Menschenrechtspolitik hängt eng mit unserem Grundgesetz zusammen: Artikel 1 verpflichtet uns, auch

178

für die weltweite Geltung dieses sittlichen Grundprinzips unserer Verfassung einzutreten. Sollte ich meinen eigenen internationalen Einsatz für die Menschenrechte in Daten und Fakten fassen, hieße das Ergebnis folgendermaßen: Sechs Jahre lang, von 1992 bis 1998, habe ich die deutsche Delegation in der Menschenrechtskommission der Vereinten Nationen geleitet; dem zentralen Gremium, das sich weltweit mit den Menschenrechten befasst. 1993 war ich zudem Leiter der deutschen Delegation bei der letzten Weltkonferenz für Menschenrechte in Wien, und von 2000 bis 2003 Sonderberichterstatter der Vereinten Nationen für die Menschenrechte im Sudan.

Doch Zahlen sind hier nur Anhaltspunkte. Das Thema hat mich schon viele Jahre früher beschäftigt. Als Chef der deutschen Jungdemokraten reiste ich schon 1966 als Leiter einer Delegation in die Sowjetunion, wo wir uns für die Freilassung von Dissidenten einsetzten. Auch während meiner Zeit als Bundesinnenminister habe ich mich um die Einreise von Flüchtlingen aus Diktaturen, etwa aus Chile, gekümmert, habe Kontakte zu Dissidenten in Ostblockstaaten wie der DDR und der damaligen CSSR geknüpft. Solche Bemühungen waren getragen von dem Wunsch, möglichst viel über die Bedrohungen und die Lage der Menschen zu erfahren und ihnen das Gefühl zu geben, dass wir ihnen nahestehen, ihnen helfen, soweit es in unserer Macht steht – und sei es nur mental.

Mit exakt diesem Ziel begann dann 1982, nach meinem Ausscheiden aus dem Ministeramt, eine intensive Reisezeit. Zum Teil gemeinsam mit meinem Freund Burkhard Hirsch habe ich als Bundestagsabgeordneter mehrfach Südafrika und Namibia besucht, um die Menschen bei ihrem Kampf gegen die dortigen Apartheids-Regime zu unterstützen. Unser Engagement erfolgte nicht in offizieller Mission der Bundesregierung, aber mit Wissen und Unterstützung des damaligen Bundesaußenministers Hans-Dietrich Genscher. Unsere Reisen führten uns auch in die Türkei unter der Herrschaft des Militärs, nach Israel und in die besetzten Gebiete. Später war ich in Kaschmir, Ost-Timor, Südkorea und anderen Staaten.

Die Unterdrückungsmechanismen totalitärer Systeme sind überall und zu allen Zeiten identisch – ob es die Bespitzelungsmethoden sind, das Verbot der Meinungsäußerung oder die Inhaftierung politisch unliebsamer Personen. Immer, wenn ich diese Muster irgendwo auf der Welt beobachten musste, habe ich regelrecht Zorn bekommen über diese Wiederholung der immer gleichen Praktiken. Ich habe sie selbst noch während der Nazi-Zeit erleben müssen.

Die Menschenrechte sind eines meiner Lebensthemen – bis heute mit meinem Engagement bei »Amnesty International« und »Human Rights Watch«. Die »Allgemeine Erklärung der Menschenrechte« und das Grundgesetz, dessen Bewahrung und Lebendighalten mich zeit meines politischen Lebens umgetrieben haben, sind eng miteinander verwandt – und bedingen einander. Zum einen sind beide nahezu zeitgleich entstanden: Die »Allgemeine Erklärung der Menschenrechte« wurde am 10. Dezember 1948 durch die damalige UN-Generalversammlung in Paris mit 48 Ja-Stimmen bei acht Enthaltungen der kommunistischen Staaten sowie Saudi Arabiens und Südafrikas verabschiedet. Sie hat, wie die Beratungsprotokolle spiegeln, nicht nur das neun Monate später unterzeichnete Grundgesetz der Bundesrepublik Deutschland beeinflusst, sondern auch zahlreiche andere Verfassungen in der ganzen Welt.

Darüber hinaus eint beide Dokumente die historische Wurzel: Die Autoren beider Dokumente waren geprägt von den fürchterlichen Erfahrungen der vorhergehenden Jahrzehnte. Das belegen nicht zuletzt zum Teil wortgleiche oder gedanklich eng verwandte Textformulierungen. Wesentliches Ziel sei es, »die Menschenrechte durch die Herrschaft des Rechts zu schützen, damit der Mensch nicht zum Aufstand gegen Tyrannei und Unterdrückung als letzte Mittel gezwungen wird … Da die Völker der Vereinten Nationen in der Satzung ihren Glauben an die grundlegenden Menschenrechte, an die Würde und den Wert der menschlichen Person und an die Gleichberechtigung von Mann und Frau erneut bekräftigt und beschlossen haben, den sozialen Fortschritt und bessere Lebensbedingungen bei größerer Freiheit zu fördern«, verkündete die Generalversammlung diese Erklärung, die in insgesamt dreißig Artikeln die klassischen Freiheitsrechte proklamiert.

Dazu gehören zuallererst die Menschenwürde und das Recht auf Leben sowie weiterhin die Gewissens- und Religionsfreiheit sowie die Meinungs- und Informationsfreiheit – um nur einige Rechte zu nennen. Auch die sozialen und wirtschaftlichen Rechte werden formuliert. Völkerrechtlich verbindlich wurden die Ziele durch eine Reihe von Menschenrechtsverträgen, die fast alle Staaten der Erde angenommen haben.

Im Rückblick betrachtet hat die Menschenrechtsidee im Völkerrecht nach dem Zweiten Weltkrieg einen ungeahnten Siegeszug erlebt. Die Menschenrechtssituation hingegen hat sich trotz erstaunlicher punktueller Erfolge generell nicht nachhaltig verbessert. Es muss aber festgehalten werden: Eine der »Allgemeinen Erklärung« vergleichbare Festlegung der Völkergemeinschaft auf diese Ziele hat es vorher nie gegeben.

Jürgen Habermas skizziert 2004 in seiner Essay-Sammlung »Der gespaltene Westen« die Entwicklung des Völkerrechts, vor allem mit Blick auf das »kantische Projekt«. Kant zielte auf eine weltbürgerliche Verfassung, auf eine »Vereinigung aller Völker unter öffentlichen Gesetzen«, auf die Abschaffung des Krieges als Gebot der Vernunft. Das Völkerrecht muss von der Verfassung einer Staatengemeinschaft abgelöst werden. Entscheidend ist der Schritt, wie Habermas das später formuliert, »vom Staatenrecht zum Recht der Weltbürger«.

Der innovative Kern dieser Idee liegt darin, dass internationales Recht umgeformt wird von einem Recht der Staaten in ein Weltbürgerrecht, anders gesagt: in ein Recht von Individuen. Diese sind nun nicht mehr nur Bürger ihres jeweiligen Staates, sondern ebenso Mitglieder eines »weltbürgerlichen Gemeinwesens unter einem Oberhaupt«. Das ist die Grundidee Kants.

Eine Verpflichtung für alle Staaten:
die »Responsibility to protect«

Dieser Gedanke hat in den vergangenen Jahren zunehmend an Bedeutung gewonnen. Gestalt angenommen hat er unter anderem im Konzept der »Responsibilty to protect«, das der Millenniumsgipfel der Vereinten Nationen im Jahre 2005 in seiner Abschlusserklärung postuliert hat. Dieses Konzept der »Schutzverantwortung« appelliert an die Verantwortung aller Staaten, diejenigen zu schützen, die schweren Menschenrechtsverletzungen und Kriegsverbrechen ausgesetzt sind. Die Staatensouveränität wird nicht mehr primär als Schutz vor Einmischung in innere Angelegenheiten begriffen, sondern als Verantwortung jedes einzelnen Staates, die eigene Bevölkerung vor vermeidbaren humanitären und Menschenrechts-Katastrophen zu schützen. Kann ein Land dieser Verantwortung nicht gerecht werden, geht sie auf die Staatengemeinschaft über.

Mit der »Responsibility to protect« verpflichtet sich die internationale Staatengemeinschaft zu der gemeinsamen Verantwortung, Menschen vor Völkermord, Kriegsverbrechen, ethnischen Säuberungen und Verbrechen gegen die Menschlichkeit zu schützen. Das Konzept begründet zwar aus sich heraus noch keine völkerrechtlichen Rechte oder Pflichten, aber es ist ein ganz wichtiges Signal, das hoffentlich bei der Weiterentwicklung des Völkerrechts eine große Rolle spielen wird. Gefragt ist in solchen Situationen vor allem der Sicherheitsrat der Vereinten Nationen. Er ist die einzige völkerrechtliche Instanz, die befugt ist, als letztes Mittel Gewalt zu legitimieren, sieht man vom Selbstverteidigungsrecht der Staaten ab.

Diente das klassische Völkerrecht vornehmlich dem Interesse der Staaten, und waren die Menschen nicht unmittelbar, sondern auf dem Weg über die Staaten geschützt – so werden die Individuen jetzt zum unmittelbaren Schutzobjekt des Völkerrechts. Umso bedauerlicher ist, wie wenig die »Responsibility to protect« heute die Menschenrechtspolitik bestimmt. Interventionen dieser Art, also die notfalls mit Gewalt durch-

gesetzte Änderung von inneren Verhältnissen eines souverä-
nen oder zerfallenden Staates, werden immer noch und immer
wieder politischen und wirtschaftlichen Interessen untergeordnet. Aber hier sind langer Atem und Zähigkeit gefordert.
Wer hätte 1948 geglaubt, dass das Völkerrecht eine solch positive Entwicklung nehmen würde?

Von der deutschen Regierung erwarte ich, dass sie die
»Schutzverantwortung« konsequent zum Bestandteil ihrer
Außenpolitik macht. Es werden immer noch zu viele Kompro-
misse eingegangen: Der deutsche Geheimdienst beispielsweise
arbeitet im Rahmen der Ermittlung von möglichen Anschlägen
islamistischer Terroristen mit dem Geheimdienst Usbekistans
zusammen. Das Land zählt zu den ärmsten zentralasiatischen
Ländern, Oppositionelle gegen das dort herrschende auto-
ritäre Regime werden nach Berichten von »Amnesty International« und »Human Rights Watch« unterdrückt und gefoltert. Der usbekische Innenminister Almatow hatte 2005 trotz
Reisesanktionen ein Visum für Deutschland bekommen, um
sich hier in einer Klinik behandeln zu lassen. Nachdem Vertreter von Nichtregierungsorganisationen daraufhin seine Verhaftung forderten, reiste er schnell wieder aus. Der Generalbundesanwalt verzichtete auf ein Ermittlungsverfahren wegen
»mangelnder Erfolgsaussicht«. Wo bleibt da der entschiedene
Wille, das Völkerstrafrecht umzusetzen?

Das Völkerstrafrecht –
   und der Haftbefehl gegen einen Staatschef

Trotz langsamer Fortschritte und vieler bedauerlicher Stagnation: Generell richtet sich in der internationalen Menschenrechtspolitik der Blick mehr und mehr auf die Täter; auch hier
findet also eine Form von Individualisierung statt. Lange Zeit
kamen Täter straflos davon – die Verantwortlichen von Men-
schenrechtsverbrechen wurden nicht belangt. Jahrelang blieben auf diese Weise die Selbstherrlichkeit und Eigenmächtig-

keit vieler diktatorischer Staatschefs ungeahndet. Das hat sich geändert.

2002 nahm endlich der Internationale Strafgerichtshof in Den Haag seine Arbeit auf. Jahrzehntelange Verhandlungen waren dem vorausgegangen, mehr als 160 Staaten erkennen ihn an. Einige Staaten, darunter die USA, Russland, China und der Iran, haben dem Gründungsstatut aus unterschiedlichen Gründen ihre Zustimmung verweigert. Einen Vorbildcharakter hatten die Internationalen Gerichtshöfe zu Ruanda und Jugoslawien. Besonders die Verfolgung der Täter aus dem früheren Jugoslawien, die Inhaftierung Slobodan Milosevic' und Radovan Karadzic', einem der mutmaßlichen Schlächter von Srebrenica, sind weltweit geachtete Erfolge – und ein Ansporn. Diese Gerichtshöfe sind ein wichtiger Schritt im Kampf gegen die Straflosigkeit nicht nur der politisch Verantwortlichen, sondern auch Einzelner, die an Taten beteiligt waren.

Ein historischer Meilenstein in der Praxis des Internationalen Strafgerichtshofs war im Frühjahr 2009 der erste Haftbefehl gegen einen amtierenden Staatschef – gegen den sudanesischen Präsidenten Omar al-Baschir. Er ist angeklagt wegen Verbrechen gegen die Menschlichkeit, Kriegsverbrechen, Mord und Vertreibung in der Krisenprovinz Darfur.

Verbrechen dieser Art werden aber nicht nur durch diese internationalen Gerichtshöfe verfolgt. Auch Einzelstaaten wie Deutschland können das tun, insbesondere dann, wenn die Staaten, aus denen die Täter stammen, nicht aktiv werden. Dazu existiert in Deutschland seit 2002 ein Völkerstrafgesetzbuch, das aber bisher seine Wirkung noch nicht entfaltet hat. Spektakulär war der Versuch, den damaligen US-Verteidigungsminister Donald Rumsfeld für Folterstraftaten zur Verantwortung zu ziehen. Auf politischen Druck der USA wurde das Verfahren eingestellt.

Auch wenn es schwierig ist, deutsche Ermittlungsbehörden zu seiner Anwendung zu motivieren, sollte der Anspruch, die Straflosigkeit weltweit auch durch nationale Gerichte zu bekämpfen, auf der Tagesordnung bleiben.

Das Versagen der Verantwortung:
die Katastrophe in Darfur

Die Komplexität internationaler Menschenrechtspolitik, die Verpflichtung von Staaten und Völkergemeinschaften zur Einmischung und die dramatischen Folgen angesichts ihrer Unterlassung illustriert das bereits erwähnte Beispiel Sudan. Viele Jahre lang habe ich mich mit diesem großen Land Afrikas, mit seinen sympathischen Menschen, die vielfältigen Stämmen angehören, mit seinen so unterschiedlichen Regionen, seiner Geschichte und seinen im Grunde so guten Chancen befasst – und ebenso mit den Wirren, die manchmal den Eindruck vermitteln, das Land würde auseinanderbrechen. In den Jahren 2000 bis 2003 war ich Sonderberichterstatter der Vereinten Nationen für die Menschenrechte im Sudan; in dieser Zeit habe ich nach vielfältigen Kontakten im Lande selbst Berichte und Empfehlungen vorgelegt. Auch heute befasse ich mich noch intensiv mit der Situation.

Das Friedensabkommen im Jahre 2003 beendete die jahrzehntelangen blutigen Auseinandersetzungen zwischen dem Norden und dem Süden des Landes. Nicht einbezogen waren die anderen Regionen, darunter die heutige Krisenregion Darfur, die sich extrem benachteiligt fühlte. Die sogenannten Rebellen griffen 2003 zu den Waffen, um ihren Anteil an Wohlstand und Macht im Lande zu erkämpfen. Von Anfang an haben unter anderem die Nichtregierungsorganisationen und auch ich nachdrücklich für eine Lösung des Konflikts auf friedliche Weise plädiert – bis heute ohne Erfolg.

Ich habe zur Lage im Sudan immer wieder Stellungnahmen abgegeben. Sie haben sich im Laufe der Jahre kaum verändert. Die Lage in Darfur hat sich seit sechs Jahren kontinuierlich verschlechtert. Es ist die Hölle: Etwa 300000 Menschen sind tot. Mehr als drei Millionen Menschen sind auf der Flucht, vegetieren in völlig unzureichenden Flüchtlingslagern. Sie sind marodierenden Reitermilizen, hochaufgerüsteten Regierungstruppen und sich immer weiter zersplitternden Rebellengruppen und dazu der unwirtlichen Wüste ausgeliefert. Die Welt lässt sie im Stich, Frieden ist nicht in Sicht. Unzählige Konferenzen sowie Friedens- und Waffenstillstandsabkommen blieben ohne Wirkung, auch die zahlreichen Resolutionen des Sicherheitsrats. Die afrikanische Schutztruppe bewirkt wenig, nicht zuletzt, weil die an sich imponierende Anzahl von mehr als 20 000 Mann zu schlecht ausgerüstet ist.

Von Anfang an war klar: Der Schlüssel für eine Veränderung liegt bei der Regierung in Khartum; sie trägt die Hauptverantwortung. Es ist ein Versagen der Völkergemeinschaft, Khartum in all den Jahren nicht stärker unter Druck gesetzt zu haben. An Erklärungen hat es nicht gefehlt. Allein die europäischen Außenminister haben insgesamt 26 Stellungnahmen abgegeben. Sie haben aber nicht die Kraft aufgebracht, Sanktionen zu verlangen beziehungsweise durchzusetzen. Bis heute fehlt es an geschlossen gemeinschaftlichem Handeln. Khartum konnte sich stets auf die Uneinigkeit der Völkergemeinschaft, vor allem auf die unterstützende Rolle von China und Russland verlassen.

So war es ein wahrlich historischer Schritt, als der Sicherheitsrat 2004 dem Strafgerichtshof das Mandat in Sachen Sudan erteilt hat. Auf dieser Grundlage ist jetzt der Haftbefehl gegen Präsident al-Baschir ergangen. Auch dieser Haftbefehl wird die schrecklichen Probleme im Land nicht lösen, schrieb ich vor Kurzem in der »Süddeutschen Zeitung«, er schafft keinen Frieden. Aber er ist zurzeit die einzige Chance, die Voraussetzungen für den lang ersehnten Frieden zu verbessern. Und es ging und geht um eine Bewährungsprobe des Gerichts, jetzt aber auch um eine Bewährungsprobe der Staaten, die das Gericht tragen. Dazu gehören 30 afrikanische Staaten. Drei von ihnen – Kongo, Uganda und die Zentralafrikanische Republik – haben das Gericht in der letzten Zeit ihrerseits zur Lösung interner Konflikte zu Hilfe gerufen. Bischof Tutu hat die Führer Afrikas jetzt dringlich aufgefordert, sich auf die Seite des Rechts zu stellen und eine Kampagne gegen das Gericht zu unterlassen. Khartum hat bisher jede Zusammenarbeit mit dem Gerichtshof verweigert und Haftbefehle gegen Vertraute al-Baschirs einfach negiert.

Der Haftbefehl gegen den Präsidenten wird die Lage im Sudan sogar zunächst verschärfen; das hat bereits al-Baschirs erste Reaktion, die Ausweisung mehrerer internationaler Hilfsorganisationen aus dem Land, gezeigt. Aber es regt sich Protest. Und dies ist die Lage: Friedensverhandlungen, die diesen Namen verdienen, können nicht gestört werden – es gibt sie nicht. Es kommt auch in erster Linie nicht darauf an, dass al-Baschir verhaftet wird. Der Gerichtsentscheid kann Politik nicht ersetzen, aber politische Prozesse auslösen. Wenn China und Russland jetzt den Sicherheitsrat anrufen sollten, um den Haftbefehl für ein Jahr auszusetzen, kann der Westen, wenn er überhaupt diesem Weg folgt, Bedingungen stellen. China und Russland muss entschieden entgegengehalten werden, dass sie den Konflikt durch ständige Waffenlieferungen angeheizt haben. China hat jetzt eine Schlüsselrolle bei der Lösung des Konflikts. Es hat die stärksten wirtschaftlichen Beziehungen zum Sudan.

Der Sudan braucht einen umfassenden Frieden, der alle Regionen des großen Landes umfasst. Nicht nur in Darfur gibt es krisenhafte Entwicklungen. Der Friedensprozess zwischen dem Norden und dem Süden des Landes muss endlich umgesetzt werden. Allerdings ist nicht damit zu rechnen, dass die für 2009 vorgesehenen freien Wahlen stattfinden können. Wie könnten die Millionen von Flüchtlingen überhaupt an Wahlen teilnehmen? Der Frieden muss von unten aufgebaut werden durch Versöhnungsprozesse zwischen den Stämmen – unter anderem zwischen den Sesshaften und den Nomaden. Keine Seite wird durch Waffen siegen – auch die Rebellen nicht.

Die Entscheidung des Internationalen Strafgerichtshofes eröffnet eine neue Chance für politische Initiativen. Die Verantwortung für das Unheil in Darfur hat jetzt einen Namen: Omar al-Baschir.

Eine neue Generation von Friedenseinsätzen

Die Rechtsgrundlagen für den Menschenrechtsschutz in der Völkergemeinschaft sind im Laufe von Jahrzehnten geschaffen worden. Von besonderer Bedeutung sind die beiden UN-Menschenrechtspakte von 1966: der Internationale Pakt über bürgerliche und politische Rechte sowie der Internationale Pakt über wirtschaftliche, soziale und kulturelle Rechte. Die Mitglieder des Europarates haben schon im Jahre 1950 die »Europäische Menschenrechtskonvention« verabschiedet.

Hans-Dietrich Genscher hat sich in seiner Rede zur Verleihung des Walther-Rathenau-Preises im Frühjahr 2009 nachdrücklich für eine neue Weltordnung eingesetzt, in der die Stärke des Rechts und nicht das Recht des Stärkeren zu gelten hat. Er hat an die sogenannte KSZE-Schlussakte von Helsinki im Jahre 1971 erinnert. Mit diesem »Helsinki-Prozess« verpflichteten sich auch die unfreien Staaten unter kommunistischer Diktatur zur Einhaltung der Menschenrechte. Die polnische Freiheitsbewegung, vorangetrieben von der Gewerkschaft »Solidarność«, wurde durch diesen Prozess ermutigt und gestärkt. Neben den Elementen »Frieden« und »Wirtschaftsentwicklung«, die das Verhältnis der Staaten untereinander bestimmen sollten, stand nun der Schutz der Menschenrechte als gleichberechtigte Aufgabe.

Dieses wegweisende geschichtliche Dokument ist für mich auch Maßstab für die Beziehungen der Völker untereinander, wie wir sie heute sehen müssen. Die Menschenrechtspolitik ist nicht das einzige Instrument der Außenpolitik. Sie darf aber anderen Zielen nicht untergeordnet werden. Genscher plädiert ganz konsequent für die Schaffung von Sicherheitsarchitekturen in anderen Regionen der Welt nach der Grundidee der KSZE-Schlussakte. Zu denken ist an den Nahen Osten oder an Staaten in Asien.

Während sich die Vereinten Nationen zunächst nur für zwischenstaatliche Konflikte zuständig fühlten, sind sie jetzt zunehmend von Bürgerkriegen und vom Zerfall der staatlichen

Autorität herausgefordert. Der Begriff der Friedensbedro-
hung nach der UN-Charta hat sich verändert. Auch die Pa-
lette der Interventionen durch nichtmilitärische Maßnahmen,
beispielsweise Straftribunale oder Entschädigungsregeln hat
sich erweitert. Schon Ende der 80er-Jahre entwickelte sich
eine neue Generation von Friedenseinsätzen, die aktiv auf die
Lösung der politischen, sozialen und ökonomischen Konflikte
setzt. Die Vereinten Nationen haben erkannt, dass es nicht
genügt, einen Konflikt zu beenden, sondern dass Bedingungen geschaffen werden müssen, die den Frieden nachhaltig
konsolidieren.

Das Instrumentarium der Vereinten Nationen ist ausgebaut
worden. Das Amt eines Hochkommissars für Menschenrechte
wurde geschaffen. Gerichtshöfe wie die Spezialgerichte zu
den Kriegsverbrechen im früheren Jugoslawien, in Ruanda
und Kambodscha sowie der Internationale Strafgerichtshof
versuchen, die Täter zur Verantwortung zu ziehen. Das Men-
schenrechtsthema ist zu einer Querschnittsaufgabe der internationalen Politik geworden und hat in den Weltkonferenzen
der letzten Jahre, etwa im Rahmen der Weltfrauenkonferenz
im Jahre 2005 in Peking, eine große Rolle gespielt. Der Sicherheitsrat verfolgt heute bei allem Zögern eine Politik der Einmischung. Auch in unserem Land gibt es neue Institutionen,
die die Menschenrechtspolitik gestärkt haben, wie den Bundes-
tagsausschuss für »Menschenrechte und humanitäre Hilfe«.

All diese Bemühungen kosteten in den vergangenen Jahrzehnten Kraft und Einsatz. Vieles war vergebens, aber es sind
auch Erfolge zu verzeichnen. Ich denke nur an die Demokra-
tisierung der osteuropäischen und einiger südamerikanischer
Staaten und auch an die Abschaffung des Apartheid-Regimes
in Südafrika. Zu Mutlosigkeit besteht also kein Anlass. Vieles
ist erreicht worden, dessen Erfolg höchst unsicher war.

Dennoch: Entscheidend sind nicht Institutionen, Verträge,
Resolutionen und Protokolle. Entscheidend ist allein, ob es
gelingt, die Situation der Menschen, die unter Menschenrechtsverletzungen leiden, tatsächlich zu verbessern. In zahl-

reichen Ländern der Welt ist den Menschen die Freiheit vorenthalten. Sie werden verfolgt, wenn sie für die Prinzipien der »Allgemeinen Erklärung der Menschenrechte« eintreten. Ihre Menschenwürde wird zutiefst verletzt. In vielen Staaten ist die Folter gängige Praxis.

Zu Zufriedenheit besteht also noch lange kein Anlass. Die Völkergemeinschaft hat den vorhersehbaren Völkermord in Ruanda ebenso wenig verhindert wie das Gemetzel in der bosnischen Stadt Srebrenica, um nur zwei Beispiele zu nennen. Auch die Katastrophe in der sudanesischen Provinz Darfur war vorhersehbar. Bisher ist es nicht gelungen, das Los der Menschen dort zu verbessern. Der neue Menschenrechtsrat der Vereinten Nationen, der über die Einhaltung der Menschenrechte wachen soll, ist ein eher stumpfes Instrument. Wichtig ist, dass die bedrückten Menschen wissen, dass ihre Situation wahrgenommen wird, dass sie nicht vergessen sind. Wie auf kaum einem anderen Feld spielen dabei die sogenannten NGOs, die Nichtregierungsorganisationen, also beispielsweise »Amnesty International« und »Human Rights Watch«, eine unverzichtbare und besonders glaubwürdige Rolle als Mahner und bei der Aufdeckung schwerer Menschenrechtsverletzungen.

Weltweit sind aber auch die demokratischen Staaten in den internationalen Gremien Verfechter der Menschenrechte. Dies geschieht manchmal selektiv nach eigenen außenpolitischen Interessen, aber ihre Rolle ist ganz und gar unverzichtbar. Sie haben auch ihren Anteil daran, dass ein historischer Höchststand an Blauhelmen zu verzeichnen ist, also an Soldaten verschiedenster Nationalität, die in internationalen Krisenregionen den Frieden sichern helfen.

Weltweit wurden bisher mehr als sechzig UN-geführte Friedensmissionen eingerichtet, die überwiegende Zahl von ihnen in jüngster Zeit. Im Einsatz sind Soldaten und Polizisten. Der Schwerpunkt der Maßnahmen liegt in Afrika. Am Anfang waren es rein militärische Beobachter-Missionen; inzwischen haben die Blauhelme zunehmend Aufgaben der Friedenskonsolidierung und auch der sogenannten robusten Friedenssicherung übernommen. Der Einsatz von Gewalt ist demnach nicht mehr ausschließlich zur Selbstverteidigung der Schutztruppe zulässig, sondern auch zur Durchsetzung internationalen Rechts. In Srebrenica haben die UN-Truppen den Massenmord nicht verhindert.

Gegen die »Versuchungen der Unfreiheit«

Es gibt eine ernst zu nehmende Verbindung zwischen der Art, wie wir mit unseren Grundrechten umgehen, und der Glaubwürdigkeit im Kampf um die weltweite Durchsetzung der Menschenrechte. Im »globalen Krieg gegen den Terrorismus« führen die territorial gebrochenen Menschenrechte zur Schwächung der westlichen Demokratie bei der Durchsetzung weltweiter Menschenrechtsstandards. Der Generalssekretär der Internationalen Juristenkommission, Nicholas Howen, hat die zutreffende Meinung vertreten, dass die in vielen Staaten zur Bekämpfung des Terrorismus nach dem 11. September 2001 verabschiedeten Gesetze und Maßnahmen »den schlimmsten weltweiten Angriff auf die Menschenrechte in den letzten Jahrzehnten« darstellen.

Wenn uns vor diesem Hintergrund Diktaturen vorhalten können, dass wir selbst fundamentale Prinzipien des Rechtsstaats wie die Haftbedingungen oder gar das Folterverbot verletzen, kommen wir in eine argumentative Defensive. Ist es denn hinzunehmen, dass der islamistische Terrorismus die moralische und rechtliche Substanz der westlichen Welt dadurch empfindlich getroffen hat, dass wir Prinzipien zur Disposition gestellt haben – auch hier in Deutschland –, um deren Verteidigung es ja eigentlich geht?

Ralf Dahrendorf stellt in seinen Beobachtungen über die »Versuchungen der Unfreiheit« fest, dass es nach dem Ende des Totalitarismus neue Versuchungen der Unfreiheit gibt, die er »die neue Gegenaufklärung« nennt. Staaten, die undemokratische Despotien sind, werden im internationalen Kampf

191

gegen den Terrorismus als Bündnispartner akzeptiert. Sie erhalten auf diese Weise eine Art »Terrorismusrabatt«. Das gilt beispielsweise für Libyen und den Sudan; den bereits erwähnten Folterstaat Usbekistan braucht die Bundesregierung schon allein als Stützpunkt für die Bundeswehr-Flüge nach Afghanistan. Da wirkt auch nicht ausgleichend, dass die Demokratien sich im Gegensatz zu den Diktaturen in ihrer Außenpolitik generell an Menschenrechten orientieren.

Umso mehr gilt es, die Universalität und die Unteilbarkeit der Menschenrechte immer wieder zu verteidigen. Sie ist in der Abschlusserklärung der Wiener Menschenrechtskonferenz von 1993 eindrucksvoll bestätigt worden. In der Praxis der Menschenrechtspolitik hingegen melden sich immer wieder Zweifler zu Wort, die den Aspekt der Universalität mit dem Verweis auf jeweils eigene Kulturen und Religionen in Abrede stellen. Demgegenüber seien die Menschenrechte allein ein Produkt westlicher Aufklärung. Wer so argumentiert, verkennt die Tatsache, dass alle großen Weltreligionen von der Menschenwürde geprägt sind. Deshalb dürfen wir nicht zulassen, dass der Kernbereich der Menschenrechte irgendwo auf der Welt mit dieser Begründung infrage gestellt wird. Das sind wir auch den Menschen schuldig, die überall dort für ihre Freiheit kämpfen und leiden.

Die Friedenssicherung ist heute – und das ist das Positive an dieser Entwicklung – in enger Weise verschränkt mit der Politik der Menschenrechte. Das gilt auch für die wirtschaftliche Entwicklung – auch wenn Staaten mit autoritären Strukturen meinen, sie könnten sich auf Dauer ökonomisch erfolgreich entwickeln. Das wird nicht gutgehen, wenn Menschenrechtsstandards missachtet werden.

Die Globalisierung hat generell bessere Rahmenbedingungen für die Durchsetzung der Menschenrechte gesetzt. Die Nichtregierungsorganisationen sind in ihrem Einfluss stärker geworden. Menschen können sich über das Internet austauschen und informieren; auch wenn Diktaturen versuchen, ihre Staatsangehörigen von Teilen des Internets auszuschließen –

wie die Weltöffentlichkeit zuletzt während der Olympischen Spiele in Peking mitverfolgen musste. Im Iran haben die Menschen über das Internet das Recht auf Meinungsfreiheit in die eigene Hand genommen. Vorsichtig zuversichtlich sagt Jürgen Habermas: »Die Globalisierung bildet für die immer noch weit vorausgreifende Idee des weltbürgerlichen Zustandes einen Einbettungskontext, der die Widerstände gegen eine politische Verfassung der Weltgesellschaft nicht von vornherein als unüberwindlich erscheinen lässt.«

Unser Bekenntnis zur Demokratie ist Motiv, anderen zu helfen

Ich habe in den letzten Jahrzehnten Staaten vieler Weltregionen besucht, die Menschenrechtsverletzungen praktiziert haben. Die Eindrücke, die ich dabei gewonnen habe, die Gespräche, die ich dabei führen konnte, haben mich in der Überzeugung bestärkt, dass es überall in der Welt Menschen gibt, die frei leben wollen und die – oft unter Einsatz von Freiheit und Leben – für die Durchsetzung fundamentaler Freiheitsrechte kämpfen. Für sie ist es ganz wichtig, uns als ihre Verbündeten wahrzunehmen. Wir sind von einem schlimmen Nazi-Unrechtsregime befreit worden und hatten die Chance, eine Demokratie aufzubauen. Die Deutschen in der DDR haben in einer friedlichen Revolution wesentlich dazu beigetragen, das SED-Unrechtsregime zu überwinden. Dieser erklärte Wille zur Demokratie sollte uns besonders motivieren, denen zu helfen, die in Unfreiheit leben.

Aus meiner Sicht gibt es weltweit keine Alternative zu den Grundprinzipien einer demokratischen Ordnung – so wie sie in der »Allgemeinen Erklärung der Menschenrechte« von 1948 niedergelegt ist. Auch wenn es große Widerstände zu überwinden gilt und Rückschläge uns immer wieder zu entmutigen drohen, muss dieser Kampf so fortgesetzt werden. Vieles ist erreicht worden, von dem wir nicht gehofft haben, dass es

193

jemals geschehen würde. Ich denke nur an den Zusammenbruch der Diktaturen Osteuropas.

Vieles ist aber noch zu tun. Ohne Schaffung ausreichender Lebensgrundlagen im Kampf gegen Hunger und Not ist dauerhafter Frieden nicht gewährleistet. Vor allem muss man sich darüber klar werden, dass die Verteidigung der Menschenrechte die Zwillingsschwester der Friedenssicherung, oder wie man heute begrifflich umfassender sagt, der Human Security ist: Beide bedingen fortwährendes Engagement. Beide sind Aufgaben, die sich nie erledigt haben werden.

Resignation wäre ein schlechter Ratgeber. Alle Erfahrungen zeigen: Es lohnt sich immer, für die Freiheit zu kämpfen.

Zum Weiterlesen
– eine Auswahl

Jürgen Habermas
Ach, Europa
Frankfurt am Main 2008

Jürgen Habermas
Der gespaltene Westen
Frankfurt am Main 2004

Heribert Prantl
**Verdächtig – Der starke Staat und
die Politik der inneren Unsicherheit**
Hamburg 2002

Ralf Dahrendorf
**Versuchungen der Unfreiheit –
Die Intellektuellen in Zeiten der Prüfung**
München 2008

Christoph Möllers
Das Grundgesetz – Geschichte und Inhalt
München 2009

Christoph Möllers
Demokratie – Zumutungen und Versprechen
Berlin 2008

Edgar Wolfrum
Die geglückte Demokratie – Geschichte der Bundesrepublik
Deutschland von ihren Anfängen bis zur Gegenwart
Stuttgart 2006

Christian Bommarius
Das Grundgesetz – Eine Biographie
Berlin 2009

Maximilian Steinbeis / Marion Detjen / Stephan Detjen
Die Deutschen und das Grundgesetz –
Geschichte und Grenzen unserer Verfassung
München 2008

Thomas Darnstädt
Der globale Polizeistaat
München 2009

Stefan Huster / Karsten Rudolph (Hrsg.)
Vom Rechtsstaat zum Präventionsstaat
Frankfurt am Main 2008

Fredrik Roggan (Hrsg.)
Mit Recht für Menschenwürde und Verfassungsstaat
(Festgabe für Dr. Burkhard Hirsch anlässlich der Verleihung
des Fritz-Bauer-Preises)
Berlin 2006

Der Bundesbeauftragte für den Datenschutz und die
Informationsfreiheit (Hrsg.)
Tätigkeitsbericht zum Datenschutz für die Jahre 2007
und 2008
Bonn 2009

Heiner Geißler. Ou Topos. Suche nach dem Ort, den es geben
müsste. Gebunden

**Heiner Geißler über die Suche nach dem Glück: wonach sich
Menschen sehnen**
Viele haben das Paradies ins Jenseits verschoben und die Menschen in Glück und Unglück allein gelassen. In seinem faszinieren-
den Buch – gleichermaßen Essay wie Autobiographie – erweist
sich Heiner Geißler als einer der bedeutendsten Denker im heutigen Deutschland.

Kiepenheuer
& Witsch

www.kiwi-verlag.de

Götz W. Werner / Adrienne Goehler. Freiheit, Gleichheit,
Grundeinkommen. Von der Erwerbsarbeit zur Kulturgesell-
schaft. Gebunden

Wir stehen am Scheideweg: Machen wir gesellschaftlich notwendige Arbeit weiter unbezahlbar? Konsumieren wir auf Kre-
dit, während wir als Steuerzahler mit Milliarden marode
Banken »retten«? Oder nutzen wir die tiefgreifende Krise, um
Arbeit neu zu denken? Ein bedingungsloses Grundeinkommen
für alle würde die Menschen von Existenzangst befreien – und
ihre Eigeninitiative wecken.

www.kiwi-verlag.de

Kiepenheuer
&Witsch

Harald Schumann / Christiane Grefe. Der globale Countdown. Finanzcrash, Wirtschaftskollaps, Klimawandel. Wege aus der Weltkrise. KiWi 1113

Nach dem Finanzcrash: Wege aus der Weltkrise

Die Globalisierung hat eine neue Dimension erreicht. Völker und Staaten sind in einer beispiellosen gegenseitigen Abhängigkeit miteinander verbunden, eine Weltgesellschaft entsteht. Doch das neue System ist bedrohlich instabil. Reicht die Zeit, um die Weichen richtig zu stellen?

»Ein fulminanter Bericht zur Lage der Welt und ihrer Wirtschaft – bissig, brillant recherchiert und voller Fakten.« *Spiegel online*

www.kiwi-verlag.de

Hans Weiss / Ernst Schmiederer. Asoziale Marktwirtschaft.
Insider aus Politik und Wirtschaft enthüllen, wie die Konzerne
den Staat ausplündern. KiWi 914

Die hoch bezahlten Berater nennen es »Steueroptimierung«:
Internationale Großkonzerne zahlen trotz immenser Gewinne
kaum noch Steuern – und bereichern sich zusätzlich an Milliarden-
subventionen des Staates.

»Die Autoren berichten Details über Steuergeschenke und
Subventionen für Konzerne, über die Macht der Lobbyisten und
die Willfährigkeit der Politiker.« *Süddeutsche Zeitung*

www.kiwi-verlag.de

Sascha Adamek / Kim Otto. Der gekaufte Staat. Wie Konzernvertreter in deutschen Ministerien sich ihre Gesetze selbst schreiben. KiWi 1097

Mehr als hundert Vertreter deutscher Großkonzerne haben in Bundesministerien eigene Schreibtische bezogen. Bezahlt werden sie von den Unternehmen. Sie arbeiten an Gesetzen mit und sind politisch immer am Ball.

»Ein Musterbeispiel für gewissenhaften investigativen Journalismus. Ein Buch, das dem Leser die Zornesröte ins Gesicht treibt. Und den verantwortlichen Politikern die Schamesröte. Hoffentlich.« *Klaus Bednarz*

www.kiwi-verlag.de